INITIATION

A LA

SCIENCE DU DROIT MUSULMAN

VARIÉTÉS JURIDIQUES

PAR

F. CADOZ

HUISSIER A MASCARA (ALGÉRIE)

PRIX : **5 FRANCS**

Contre un mandat de 5 francs, adressé à l'auteur, on recevra, *franco*, l'ouvrage
par la poste

ORAN

IMPRIMERIE TYPOGRAPHIQUE ET LITHOGRAPHIQUE A. PERRIER

9, BOULEVARD OUDINOT, 9

1868

PARIS

CHALLAMEL AÎNÉ

Librairie algérienne et coloniale

5, RUE JACOB

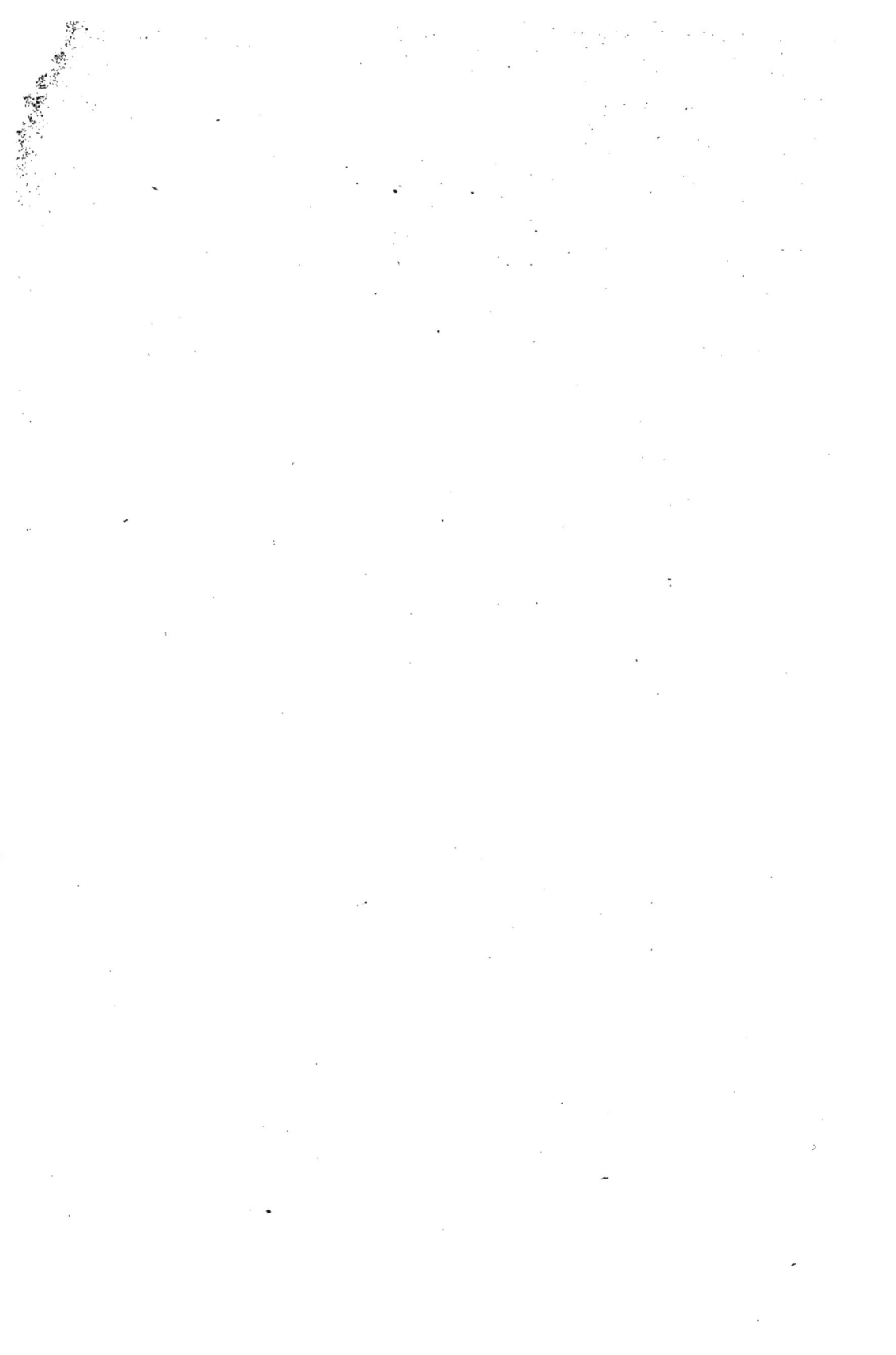

INITIATION

A LA

SCIENCE DU DROIT MUSULMAN

VARIÉTÉS JURIDIQUES

LIBRAIRES DÉPOSITAIRES

Oran. — Eugène RENARD, boulevard Malakoff.

Alger. — PEYRONT, rue Bab-Azoun.

Philippeville. — Mme HURLIN.

Constantine. — Ve GUENDE.

Marseille. — CAMOIN, rue Canebière.

Lyon. — MÉRAZ (Charles), rue Impériale, 15.

Paris. — CHALLAMEL aîné, rue des Boulangers, 30.

Londres. — ADAMS (W.-J.), 59, Fleet Street.

Berlin. — ABELSDORF (J.).

Amsterdam. — L. VAN BAKKENES et Cie.

Saint-Pétersbourg. — BELLIZARD et Cie.

ORAN. — IMPRIMERIE AD. PERRIER, BOULEVARD OUDINOT, 9

INITIATION

A LA

SCIENCE DU DROIT MUSULMAN

VARIÉTÉS JURIDIQUES

PAR

F. CADOZ

HUISSIER A MASCARA (ALGÉRIE)

PRIX : **5 FRANCS**

Contre un mandat de 5 francs, adressé à l'auteur, on recevra, *franco*, l'ouvrage
par la poste

ORAN

IMPRIMERIE TYPOGRAPHIQUE ET LITHOGRAPHIQUE A. PERRIER

9, BOULEVARD OUDINOT, 9

1868

PARIS

CHALLAMEL AÎNÉ

Librairie algérienne et coloniale

5, RUE JACOB

PRÉFACE

I

L'ouvrage que je présente au Public n'est point une œuvre de style : je n'ai pas cultivé les lettres. Il me paraît devoir être apprécié au point de vue des notions scientifiques qu'il contient. Un sujet pris dans un monde nouveau pour les Européens, et qui laisse encore un vaste champ d'études à ceux que séduit la recherche de l'inconnu, m'a peut-être entraîné dans la diffusion ; mais, si j'ai été clair, le résultat cherché est atteint : la concision dégénère souvent en obscurité, et n'est quelquefois que de l'adresse à éluder une explication qu'on ne peut donner.

II

Des savants européens, aussi distingués qu'infatigables, ont depuis longtemps dévoilé le droit musulman ; mais le dernier mot n'a pas encore été dit; car les principes de ce droit sont épars et noyés dans de volumineux manuscrits, qu'il est difficile de se procurer et qu'on ne peut compulser qu'avec beaucoup de temps et de patience, et ils n'y sont ordinairement indiqués qu'implicitement, ce qui met le lecteur dans la nécessité de les deviner. — Quant aux docteurs musulmans, ils tiennent trop à leur prestige, pour éclaircir ce qui est obscur, et en faciliter ainsi l'accès au vulgaire.

III

Rechercher ces principes, les coordonner, les offrir comme un autre fil d'Ariane à quiconque veut pénétrer dans le dédale de la jurisprudence musulmane; démontrer qu'ils se prêtent admirablement à l'établissement de nos institutions en Algérie, tout en maintenant la liberté et la pureté de la croyance ; — qu'avec leur aide, l'assimilation n'est plus un problème insoluble, mais une difficulté dont la solution est certaine, avec de la bonne volonté, dans un avenir peu éloigné ; — que l'application raisonnée de ces principes, sous l'empire desquels les Arabes ont atteint un haut degré de civilisation, peut les relever et les unir à nous par les liens de l'intérêt et de l'amitié, ce que les masses comprendront, si on le veut bien, malgré les intrigues des mécontents : tel a été le but de mes efforts.

IV

Depuis vingt-cinq ans que j'habite l'Algérie, je me suis adonné, par goût, à l'étude de la langue arabe et du droit musulman. En arrivant à Alger, où j'ai été longtemps principal clerc de défenseur, j'ai commencé par apprendre l'arabe parlé, dans une fréquentation assidue des indigènes. Au cours du savant professeur, M. Bresnier, j'ai puisé les premières connaissances de la langue arabe littéraire. Avec des *Tolbas*, j'ai appris le droit musulman dans les manuscrits. Pendant de longues années, j'ai consacré à cette étude les premiers moments de chaque jour, et ce n'est qu'en vivant de privations, que j'ai pu faire face aux dépenses que m'imposait l'acquisition des livres nécessaires et des autres moyens de travail. Quelques connaissances que j'ai en droit français donnaient un attrait irrésistible à mes investigations dans le domaine du droit musulman. Bientôt, mes relations avec les savants arabes s'étaient étendues ; — je fréquentais les jurisconsultes les plus distingués, et j'essayais de leur arracher les secrets d'une science qu'ils s'efforcent de tenir cachée, et qui semble être restée encore pleine de mystères ; car, dans les rapports d'une intimité studieuse, l'homme se laisse ordinairement pénétrer à son insu ; — j'allais dans les prétoires des Cadis entendre les discussions judiciaires ; — avec des Tolbas, je revoyais dans les manuscrits les questions que j'avais entendu discuter la veille. — Pendant le cours de mes travaux, plusieurs magistrats et fonctionnaires français, dont j'ai l'honneur d'être connu, m'ont invité plus d'une fois à publier *quelque chose*. J'ai toujours objecté la difficulté que j'ai à écrire, l'insuffisance de mes connaissances en droit musulman, et leur ai offert mes notes, qu'ils ont refusées par délicatesse, quoiqu'ils eussent pu en faire un meilleur emploi que moi. Depuis, ils ne m'en ont pas moins réitéré leurs bienveillantes invitations; alors, je me suis laissé entraîner à écrire pour le Public; tout ce que je viens de dire, ne tend qu'à exposer mes titres à son indulgence.

V

Mais il en coûte pour publier *quelque chose;* aussi, ai-je dû restreindre les proportions naturelles de l'objet de ma publication, tout en donnant à mon travail le développement nécessaire pour qu'il fût traité clairement : celui que j'ai choisi m'a paru assez intéressant, parce qu'il présente le droit musulman sous son véritable jour, et que, parmi les matières auxquelles il touche, certaines n'ont encore été abordées, que je sache, par aucun Européen.

. VI

Les sectateurs de l'islamisme, soumis à la domination ou à l'influence chrétiennes, se comptent par millions. Tout ce qui peut contribuer à leur assimilation avec nous ne doit pas être indifférent aux Souverains chrétiens que Dieu a appelés à les gouverner. Avec les mêmes lois que celles qu'ils ont aujourd'hui, ils ont été, pendant sept cents ans, le plus grand et le plus civilisé des peuples de l'Occident; ils avaient alors des magistrats qui ne relevaient que de leur conscience et qui savaient appliquer l'esprit et non pas seulement la lettre de la loi.

VII

Parmi les ouvrages remarquables qui ont été publiés en Europe sur le droit musulman, figure la traduction de Sid-Khalil par M. Perron. Il faut avoir étudié à fond la langue arabe, avoir longtemps fréquenté les musulmans, avoir pâli des nuits entières sur les manuscrits, pour apprécier ce qu'un pareil travail a exigé de patience et de savoir. M. Perron avait reçu du gouvernement français le mandat honorable de traduire Sid-Khalil ; il ne pouvait, sans dépasser les limites de ce mandat, traduire les commentaires de chaque texte. Il est vrai qu'il donne sur les passages les plus obscurs quelques explications puisées dans le commentaire de Sid-Krarchi; mais que de doutes restent à lever, que de lacunes à combler, en présence de textes laconiques, susceptibles de plusieurs interprétations dont chaque passage est une règle supposant la connaissance de principes qui n'existent dans ces textes qu'à l'état de propositions implicites ! Qu'est-ce d'ailleurs que l'opinion d'un auteur, en présence d'opinions contraires, aussi respectables que la sienne, et qu'il nous importerait de connaître toutes dans leurs divergences, pour les comparer, et choisir celles que nous avons intérêt *à faire accepter par les populations arabes*, qui se conformeraient aux décisions d'un jurisconsulte recommandé par nous, avec autant de facilité qu'ils se conforment à celles de Sid-Khalil ?

Supposons que les Arabes, à notre place, aient fait traduire le Code Napoléon; est-ce que cette traduction, même accompagnée de quelques annotations judiciaires, pourrait leur donner une idée exacte du droit français? Il est impossible de le croire, quand on voit presque chacun des articles de nos codes fournir matière à plusieurs volumes de commentaires.

Il faut donc le reconnaître : la traduction du livre de Sid-Khalil n'aurait pu nous présenter un tableau complet de l'ensemble du droit musulman malékite qu'à la condition de n'être pas séparée de la traduction de tous les commentaires, ou du moins, de celle du commentaire le plus en renom sur cet auteur.

Il y a plus : des erreurs étaient inévitables dans un travail aussi difficile ; il y en a eu de commises. Je suis loin de les reprocher à M. Perron, mais elles prouvent que l'ouvrage d'un seul, si recommandable qu'il soit, resté sans contrôle et sans contradiction, peut nous jeter dans une fausse route et retarder l'accomplissement de notre œuvre civilisatrice.

VIII

Presque tous les ouvrages publiés en France et en Algérie sur le droit musulman ne sont que des compilations de traductions plus ou moins exactes. — Les compilateurs, à peu d'exception près, ne connaissent pas même l'arabe parlé ; dès lors, il leur est absolument impossible de confronter avec les originaux les traductions que souvent ils altèrent, de bonne foi, en les arrangeant. — D'un autre côté, s'ils se hasardent à puiser dans les sources, il arrive que les interprètes oraux, dont le secours leur est indispensable, ou n'ont aucune notion de droit, ou ne connaissent pas la langue des manuscrits, ou ne connaissent pas celle de la traduction, tout ce qui sort de l'association de si pauvres moyens, ne présente, on le sent bien, aucune garantie de fidélité ni de savoir [1].

---

(1) Mon ouvrage était terminé, lorsqu'une brochure : *Études sur l'islamisme et le mariage des Arabes en Algérie*, m'est parvenue et m'a démontré que mon opinion sur les compilateurs est fondée. M. Meynier, qui en est l'auteur, dit, page 152, *que le mariage est surtout une vente*, et, à l'appui de son assertion, il cite ce passage qui, d'après lui, émanerait de Sid-Khalil : « *Je te vends ma fille pour telle somme.* » Or, Sid-Khalil n'a jamais tenu ce langage ; il savait très-bien que la fille que l'on marie ne peut être assimilée à une esclave que l'on vend, car on est bien obligé de reconnaître qu'il y a une différence sensible entre la vente et le mariage. Il examine seulement si cette expression : « *Je t'accorde une telle pour épouse,* » implique l'idée de durée égale à la durée de la vie, c'est-à-dire la durabilité des liens du mariage, de même que, dans le cas de vente et non dans le cas de mariage, ces mots: « *je te vends* » impliquent, *par exemple*, un dessaisissement sans retour, sans limite de temps. Et lorsque, dans un autre passage, Sid-Khalil dit : *la femme, en se mariant, vend une partie de sa personne, c'est-à-dire son champ génital*, cela signifie seulement que la copulation est licite dans le mariage. Maintenant, si les auteurs font des rapprochements entre le mariage et la vente, ce n'est pas parce qu'il y aurait analogie entre ces deux contrats, mais bien parce qu'en droit musulman, les principes qui régissent la vente s'appliquent aux contrats en général, de même que le titre III° du Code Napoléon, régit les contrats ou les obligations conventionnelles en général. En résumé, le contrat de mariage, d'après le droit musulman, est un des contrats les plus saints et les plus solennels de la vie, et surtout un contrat qui n'a aucun caractère mercantile, comme l'indique cet axiome : « *Ennikah' mebni 'âla el-mokarama oua el-bi'â mebni 'âla el-moqachah'a* : le mariage est fondé sur la générosité, tandis que la vente a pour mobile l'intérêt. » — Dans le mariage, la femme est loin d'être une chose, une esclave, dont le mari serait le seigneur et le maître absolu, comme l'ont prétendu certains publicistes distingués ; car il suffit de lire *Ibn-Salamoune* et tous les auteurs, pour voir

IX

Mon ouvrage, quant à la doctrine, a été puisé tout entier aux sources arabes. Lorsque j'en ai eu arrêté le plan, je l'ai soumis au cadi actuel de Mascara, Sid-Dahou-bel-Bedoui, dont le savoir est incontesté. Il m'a prêté un concours loyal et désintéressé, et m'a mis en relations avec d'autres savants qui m'ont également donné leur aide : à lui et à eux, je témoigne ici toute ma reconnaissance.

J'ai cité plusieurs axiomes et anecdotes, que l'on ne trouve pas dans les manuscrits, mais qui sont de tradition parmi les jurisconsultes.

Cet ouvrage passe en revue, d'une manière sommaire, le droit musulman dans toutes les sectes, et, pour les détails, il se rapporte à la doctrine malékite.

Les juristes arabes dont j'ai consulté les œuvres, sont :

1° Abou-l-Kasem-Salamoune-Ibn-'Ali-ben-Salamoune, mieux connu sous le nom d'Ibn-Salamoune. Il était cadi à Cordoue, dans le v⁰ siècle de l'hégire. Son livre intitulé : *Kitâb-el-mounedh-dhom lil-hokkâm*, est le guide de presque tous les cadis malékites. Un dicton porte, en arabe vulgaire : *Elli 'ánd-hou Ibn-Salamoune fi kre-zune-t-hou mah'soúb qadhi b'ámamthou: Celui qui possède le livre d'Ibn-Salamoune dans sa bibliothèque, est compté pour cadi ayant reçu le turban d'investiture.* Ce qui veut dire que celui qui possède l'esprit et l'étendue du livre d'Ibn-Salamoune, doit être réputé cadi parfait ;

2° Abou-l-M'aali, cité par Ibn-Salamoune, chap. *El-qadha.* Il est auteur d'un livre de principes de droit intitulé : *Kitâb el-ouaraqat ;*

---

que la loi protège la femme, dans sa liberté, sa dignité et sa personne, au moins tout autant que le Code Napoléon. Cela démontre que des hommes haut placés, et recommandables par leurs talents et leurs lumières, ont, de bonne foi, puisé la loi musulmane dans les mauvais procédés que les maris arabes de la basse classe ont pour leurs femmes, *c'est-à-dire dans les infractions à la loi.*

3° DJELAL-EDDINE-EL-MÉH'ALLI, commentateur d'ABOU-L-M'AALI ;

4° IBN-EL-KRAZINE, commentateur du Koran ;

5° ABOU-BEKR-IBN-MOHAMMED-EL-R'ORNATHI, de Grenade, auteur d'un livre de jurisprudence ;

6° SID-ALI-QUES'S'ARA-EL-FASI, de Fez, auteur du livre : *'Eùlm el-mènthiq*, science de la logique ;

7° SID-KRARCHI, commentateur de SID-KHALIL ;

Ces auteurs sont malékites et en grande estime chez les jurisconsultes de l'Afrique septentrionale.

8° CHEIKH-'AMEUR, abadite. Son livre de jurisprudence est suivi par les Mozabites de l'Algérie.

X

J'ai dû commettre des erreurs, mais lorsque, dans cette sphère d'études, les savants les plus autorisés en ont commis, je ne pense pas qu'une critique loyale, dégagée d'humeur et d'envie, puisse me faire un crime des miennes.

XI

Le travail que je publie ici, est, qu'on me permette d'oser le dire, nouveau dans son genre. Je le crois appelé à faire revenir tout esprit impartial de beaucoup d'erreurs et de préjugés, et à démontrer que la loi musulmane n'est pas aussi hostile à nos idées, ni aussi rebelle à nos institutions, qu'on s'est plu à le dire. J'ai pensé aussi qu'il pouvait être de quelque utilité aux Magistrats de tous ordres qui sont chargés de l'administration des populations musulmanes.

XII

En terminant, je ne puis m'empêcher d'offrir à mon frère, HYPPOLYTE CADOZ, l'expression publique de toute ma gratitude, pour le concours qu'il m'a prêté en revoyant mes notes, et en me procurant des documents précieux qui avaient échappé à mes recherches.

ERRATUM

Cette expression des pages 24 et 25 : *à son corps défendant*, ne rend pas exactement l'idée des juristes. Le sens est que celui qui souffre de la soif, dans les circonstances indiquées, peut exiger de l'eau de celui qui en a, et, à cet effet, repousser par la force la résistance de ce dernier.

MODE DE TRANSCRIPTION

des mots arabes en caractères français

LETTRES		VALEUR	LETTRES		VALEUR
Elif	=	a.	Tha	=	th.
Ba	=	b.	Dah	=	dh.
Ta	=	t.	'âïne	=	'â. — eû.
Tsa	=	ts.	R'aïne	=	'r.
Djim	=	dj.	Fa	=	f.
H'a	=	h'.	Qaf	=	q.
Kra	=	kr. — kr.	Kaf	=	k.
Dal	=	d.	Lam	=	l.
Dzal	=	d. — dz.	Mim	=	m.
Ra	=	r.	Noune	=	n.
Sine	=	s.	Hé	=	h.
Chine	=	ch.	Ouaou	=	v. — o.
S'ad	=	s', —ç.	Ya	=	i. — y. —ï.
Dhad	=	dh.			

OBSERVATION

Le *hamza* a été rendu par *a*, par *e*, et quelquefois par *h*.

La *fatha*, par *a, e, é, eu*,

Le *kesra*, par *i*.

Les trois lettres de prolongation *alif. ouaou* et *ya*, par *á, où, î*.

Le *ta merboutha*, par *a* et *t*.

LIVRE PREMIER

—

INITIATION A LA SCIENCE

DROIT MUSULMAN

~~~~~~~~~

CHAPITRE PREMIER

Source et nature du droit musulman

Le droit musulman, sous quelque aspect qu'on l'envisage,
a sa source principale dans le Koran.

Le Koran, selon la croyance, est, après le Pentateuque de
Moïse, les Psaumes de David et l'Évangile, le livre que Dieu
a révélé aux hommes pour leur servir de nouvelle et dernière
direction. La révélation en a été directe de Dieu à l'archange
Gabriel, puis transmise de cet archange au prophète Mahomet,
et de celui-ci aux humains.

Ce droit comprend non-seulement ce qui est écrit dans le
Koran, mais encore les préceptes émanant directement du
Prophète et les règles de jurisprudence établies dans chaque

1

secte, parce qu'ils sont considérés comme conséquences des préceptes et règles établis dans le livre de Dieu.

D'après cet aperçu, le droit musulman est *divin,* et est connu chez les musulmans sous le nom arabe de *cheri'â :* chemin que Dieu a tracé aux hommes pour leur servir de direction, tant dans leurs rapports avec lui que dans leurs rapports avec leurs semblables.

CHAPITRE II

Ce qui découle du « cheri'â » ou droit divin

De *cheri'â* découle *eddíne,* ce qui indique non-seulement la religion ou la croyance attachée au droit divin, mais encore le culte qu'elle réclame.

C'est-à-dire que Dieu, après avoir tracé aux hommes le chemin *cheri'â,* leur a dit : En retour du don que je vous ai fait, vous me paierez un tribut *díne* [1], qui consistera à croire à ce que je vous ai révélé et à y conformer vos actions.

Le mot *eddíne* se divise en *os'oúl eddíne* et en *foroû'â eddíne.*

---

(1) *Díne, rétribution,* dérive du verbe *dâna,* qui signifie tout à la fois être créancier et être débiteur. En effet, *rétribution* suppose un *obligeant,* soit un *créancier,* et un *obligé,* soit un débiteur.

SECTION Ire

Des os'oûl eddîne

Les os'oûl eddîne indiquent les dogmes fondamentaux de la religion inscrits dans le Koran, auxquels tout musulman est obligé de croire avec *conviction imâne.* On les appelle aussi : *os'oûl el kalam,* principes des paroles divines, et *â'qaïd,* articles de foi.

Ils sont assimilés, par les jurisconsultes, à un tronc d'arbre dont les branches sont ce qu'ils appellent *foroú'â eddîne.*

Ces dogmes sont :

1° La reconnaissance du Koran comme le dernier et le plus parfait des livres révélés antérieurement à lui, savoir : le *Tourat,* Pentateuque de Moïse ; le *Zebour,* ou les Psaumes de David, et *El-ine-djîl,* l'Évangile. Ces trois livres sont les seuls que les musulmans admettent comme ayant été révélés par Dieu. D'après eux, le Koran les a tous abrogés, et, à cet égard, voici la traduction d'un acte de conversion à l'islamisme qui se trouve dans *Ibn-Salamoune :*

« Le chrétien un tel, déclare qu'il rejette la religion
» chrétienne par conviction et qu'il embrasse la religion
» musulmane par conviction, parce qu'il sait que Dieu
» n'accepte pas d'égal à lui, et que, par le Koran, il a
» abrogé toutes les lois *cherây'â* qu'il avait antérieurement
» révélées, ainsi que toutes les religions qui étaient prati-
» quées en conséquence de ces lois. Le dit chrétien témoigne
» qu'il n'y a d'autre Dieu que le Dieu unique ; que ce Dieu
» n'a pas d'associé ; que Mahomet est son serviteur et le

» dernier de ses envoyés et de ses prophètes ; que le Messie,
» fils de Marie, est son serviteur et son envoyé ; que Dieu a
» transmis sa parole par un ange, à Marie, pour lui annoncer
» qu'elle serait la mère du Messie, et que c'est Dieu qui,
» ensuite, a fécondé Marie de son souffle. — En conséquence,
» le dit chrétien s'est soumis à toutes les prescriptions divines
» de l'*islâm,* concernant les ablutions, la prière, l'impôt
» *zakat,* le jeûne, etc. — Il déclare connaître les sanctions
» pénales qu'entraîne leur inobservation, et les choses
» desquelles ces prescriptions lui commandent de s'abstenir.
» Il s'est donc attaché à l'islâm par amour pour cette reli-
» gion, et il loue Dieu de la faveur qu'il lui a faite en
» l'inspirant à cet égard. Tout ce qui précède est le résultat
» de la volonté du déclarant, dégagée de tout sentiment de
» crainte et de toute contrainte, car personne ne doit être
» contrarié dans ses convictions religieuses. »

2° La croyance à l'unité de Dieu : *toúh'íd ;*

3° La mission des prophètes, au nombre desquels figure Mahomet comme le dernier : *nabaoua ;*

4° La croyance à la prédestination : *el qadr ;*

5° La croyance aux anges : *el melâïk,* et aux démons : *el djonoûne ;*

6° La croyance à la vie future : *el mi'âad fil akrira,* c'est-à-dire à la résurrection avec des récompenses et des peines.

SECTION II

Des foroû'á eddîne

Les foroû'â eddîne, ou branches de la religion, constituent le culte.

Le culte *eddîne* [1] comprend, *d'une manière intime et inséparable,* tant l'hommage que les hommes doivent à Dieu, que l'accomplissement de leurs devoirs sociaux ; car Dieu n'a pas créé des droits pour lui exclusivement, il en a créé aussi pour les hommes, et les leurs lui sont aussi chers que les siens. C'est en ce sens que le mot *eddîne* indique pour Dieu sur les hommes des *droits*, et, pour les hommes entre eux, des *droits* et des *devoirs*.

Le culte réclame l'*islâm* ou la soumission *extérieure* à la loi de Dieu, en outre de l'*imâne* ou de la soumission *intérieure* à cette loi [2], ce qui veut dire que la pratique ne peut aller sans la foi, parce que la pratique seule ou est guidée par l'intérêt, ou est le fruit de la contrainte ou de l'hypocrisie, et que la foi ne peut aller sans la pratique, parce que le défaut de pratique constitue une désobéissance à la loi de Dieu. En résumé, pour être réellement mahométan, il faut croire à ce que Dieu a révélé et y conformer ses actions, car les démonstrations de celui qui croit ne peuvent être suspectes.

---

(1) Le mot *eddîne* indique ici la *dette religieuse,* qui consiste à pratiquer ce qui a été révélé. Et, afin qu'il n'y ait pas de confusion, on indique par *eddéïne* la créance ou la dette qui résultent d'un engagement privé.

(2) Ibn-Salamoune définit *el imâne* ainsi : *el imâne houa ettcs'diq el h'às'il fîl qalb :* ce qu'on appelle el imâne, c'est la sincérité qui doit régner dans le cœur.

Les foroû'à eddîne, ou branches de la religion qui constituent le culte, se rapportent donc : 1° à la vie religieuse et
morale ; 2° au droit civil ou privé ; 3° au droit public et au
droit des gens.

Elles sont régies par le Koran et la tradition, lorsque les
préceptes en sont clairs et précis, sinon par l'interprétation
doctrinale, qui doit toujours être dans le sens de l'esprit du
Koran ou de la tradition.

L'interprétation doctrinale repose sur la science jurisprudentielle dite *'aïlm el fiqh*. Cette science, dans laquelle il y a
des divergences, a donné lieu aux sectes qui se partagent
l'islamisme.

Les foroû'à eddîne se divisent en trois catégories :

1° *El-'aïbâdât* ;

2° *El-ma'âmâlât* ;

3° *Omoúr essi-a-sa.*

§ 1ᵉʳ. — El-'aïbâdât

El-'aïbâdât comprennent les actes de dévotion à accomplir
par les musulmans, soit :

1° La purification *el-oudhou* avec de l'eau, et, à défaut,
avec du sable, qui doit précéder la prière, le pèlerinage,
l'attouchement du Koran, ou qui doit suivre la satisfaction
de l'appétit charnel, celle des besoins naturels, la menstruation et l'accouchement ;

2° La prière *es's'alât*, qui doit se faire cinq fois par jour
ou dans l'espace de vingt-quatre heures ;

3° Le paiement de l'impôt dit *zakât;*

4° L'observation du jeûne, *es's'oum,* pendant le mois de ramadan, ou par suite d'un vœu, ou à titre d'expiation des péchés ;

5° Le pèlerinage, *el-h'eudj ;*

6° La guerre sainte contre les infidèles, *el-djihâd.*

Les 'âïbâdât comprennent également ce qui est relatif à la morale, à la civilité et à l'hygiène.

En un mot, les actes dits 'âïbâdât ont pour objet *ceux qui ne sont pas socialement obligatoires au profit d'un tiers.* Mais, à leur égard, le droit est réservé à la société, par l'organe des cadis, de réprimer, dans l'intérêt de Dieu, les infractions à la loi.

§ 2. — El-ma'âmâlât

Les *ma'âmâlât* comprennent les contrats et obligations de la vie civile, c'est-à-dire ce qui règle les intérêts respectifs des particuliers, dans tout ce qui concerne les affaires relatives à leurs personnes, à leurs biens et à leurs conventions.

§ 3. — Omoûr essi-a-sa

Les *omoûr essi-a-sa,* ou affaires de gouvernement, comprennent ce qui fait partie du droit public et du droit des gens et rentre dans les attributions de la souveraineté.

CHAPITRE III

Exercice de la justice et interprétation de la loi sous Mahomet

Mahomet ou ses compagnons rendaient la justice d'après les versets qui avaient été publiés du Koran. Lorsque ces versets étaient insuffisants, ce qui arrivait le plus ordinairement, c'était Mahomet seul qui interprétait la loi ; car, étant le seul intermédiaire entre Dieu et les hommes, il devait mieux que tout autre connaître l'esprit de la loi qu'il avait révélée. De là, ses explications et décisions orales, ses faits et gestes, composant ce qu'on appelle la tradition *el-h'adits* et comprenant des droits, des devoirs, des défenses et des recommandations dont l'ensemble est soumis à une règle dite *sounna*.

CHAPITRE IV

De la tradition

La tradition, *h'adits*, comprend : 1° les faits, *af-'áal*, du Prophète ; 2° les paroles, *aq-oual*, émanant directement de lui. Je dis : *émanant directement de lui*, afin qu'on ne les confonde pas avec les paroles révélées par Dieu dans le Koran ; 3° son silence, *sokoút*, qui était une *confirmation*, *iq-rár*, de ce qui était fait ou dit en sa présence.

Cette tradition, *h'adits*, transmise d'homme à homme, d'âge en âge, puis consignée dans des recueils authentiques tels que ceux de *Bokrari* et de *Mouslim*, est soumise à une règle d'observation dite *sounna*, obligatoire pour les Sounnites ou ceux qui considèrent la tradition comme un complément indispensable du Koran.

De là :

1° Les *sounniya*, ou Sounnites, pour indiquer ceux qui admettent la tradition comme ayant force de loi aussi bien que le Koran ;

2° *Sounna f'áliya*, pour indiquer la tradition relative aux faits du Prophète ;

3° *Sounna qaouliya*, pour indiquer la tradition relative à ses paroles ;

4° *Sounna sokoutiya*, pour indiquer la tradition relative à son silence, silence qui est considéré comme une approbation ou une confirmation de ce qui était fait ou dit en sa présence.

CHAPITRE V

Les quatre premiers kalifes, collection du Koran, exercice de la justice et institution des cadis

Après la mort du Prophète, ses quatre premiers kalifes ou successeurs ont été élus au choix de la *djem'áa* ou de l'assemblée de ses compagnons. C'est pourquoi les Sounnites, dont nous parlerons plus loin, les appellent *Kalifes légitimes, el-Kroulafa erráchidine,* pour les distinguer des autres kalifes ou souverains qui, après la mort d'Ali, se sont emparés du pouvoir par la force ou l'intrigue, sans l'assentiment des compagnons du Prophète, qui étaient les vrais représentants du peuple.

Ces quatre kalifes, qui ont régné au commencement du premier siècle de l'hégire, sont : 1° Abou-Bekr-S'eddiq ; 2° 'Omar-ben-Krctthab ; 3° 'Otsmane ; 4° 'Ali. Ils faisaient partie des compagnons du Prophète.

Après la mort de Mahomet, le Koran, qu'il avait publié par portions, se trouvait répandu manuscrit parmi ses compagnons. Sur l'ordre du premier kalife, Abou-Bekr, toutes ces portions furent recherchées et réunies en un seul livre, en l'an 13 de l'hégire. Sous le kalifat d'Otsmane, les anciens compagnons du Prophète entreprirent une revue et une correction des divers exemplaires du Koran ; l'édition qui en résulta, et dans laquelle Otsmane admit comme fondamental le dialecte koréïchite, fut envoyée dans tous les pays où l'islamisme avait pris racine. Les exemplaires antérieurs furent recueillis de tous côtés et anéantis. C'est en cet état que, depuis lors, le Koran s'est maintenu jusqu'à ce jour. (DE TORNAUW, p. 15.)

Les quatre premiers kalifes rendaient la justice soit par eux-mêmes, soit par leurs agents, d'après le Koran. Quand le Koran était obscur ou insuffisant, ils se reportaient à la tradition, et lorsque cette tradition ne pouvait suffire, ils décidaient d'après leur appréciation, *idjtihád,* en consultant l'esprit tant du Koran que de la tradition.

Sous eux, comme sous Mahomet, la justice et l'administration étaient réunies entre les mains du souverain, qui avait pour auxiliaires, sous ses ordres, des gouverneurs, *omara*, et des agents ou fonctionnaires dits *'ámmál* et *h'okkám*.

Ce n'est que vers la fin du règne d'Ali, et lorsqu'il était aux prises avec les hérétiques, *kraouaridj*, que, pour se décharger d'un fardeau qui paralysait ses moyens d'action, il institua des cadis ou magistrats spécialement chargés de rendre la justice, parce que la judicature exigeait des connaissances que les gouverneurs et les fonctionnaires en général ne possédaient point. Le premier cadi nommé par lui s'appelait *Chourih'*. (Voir IBN-SALAMOUNE, chapitre *el-qadha* [1].)

Auparavant, et lorsque la justice était rendue par les kalifes ou leurs fonctionnaires, les premiers se donnaient le titre d'*imâm* ou de *soulthâne*, souverains, et les seconds, celui d'*amir*, d'*'áamil*, de *h'akem* et même de *qadhi*. Ces anciennes dénominations sont restées dans les livres de jurisprudence, pour indiquer les juges seulement ou les cadis, soit ceux qui sont spécialement chargés de rendre la justice aux particuliers, tant au civil qu'au criminel, et qui ont même le droit de condamner à mort. Cette remarque est

---

(1) Sid-Krarchi, commentateur de Sid-Khalil, chapitre de la judicature, sous ce passage : *Oua 'áz-lou-hou li-mes'-la-h'a-tine*, cite un nommé *Chorah'bil-ben-H'asuna*, qui a été destitué par le kalife Omar. La simple citation par Sid-Krarchi du nom du destitué pourrait faire penser qu'il était cadi et que, par conséquent, l'origine de l'institution des cadis remonte au kalifat d'Omar. Mais, à cet égard, tout doute cesse, à la vue du commentaire du *commentaire* de Sid-Krarchi, par un célèbre jurisconsulte de Mascara (Algérie), *Sid-bou-ras*, où il est dit que ce Chorah'bil était un des quatre vice-rois ou gouverneurs envoyés en Syrie, par le kalife Omar, afin de soumettre ce pays à l'islamisme.

essentielle, parce que beaucoup de traducteurs ont pris l'*imâm*, c'est-à-dire le cadi, pour le souverain : lorsque les jurisconsultes veulent indiquer spécialement le souverain, ils l'appellent *essoulthâne-el-a'âdhom, celui qui est investi du pouvoir suprême.*

~~~~~~~~~~~~~~~

CHAPITRE VI

Forme gouvernementale à l'époque du Prophète, des quatre premiers kalifes et depuis ces derniers

Sous Mahomet et ses quatre premiers successeurs, le gouvernement était théocratique. Il réunissait le culte divin et l'amour des lois. Le prince était un pontife, les magistrats étaient des prêtres. Ce gouvernement est encore en vigueur chez les Chites ou sectateurs d'Ali, qui admettent comme dogme *el-imama,* ou la succession légitime des kalifes, au spirituel et au temporel, par Ali, et Fathima, la fille de Mahomet.

Depuis la mort d'Ali, et à part ses sectateurs, le gouvernement a été et est encore, chez les musulmans sounnites, une monarchie soumise à une constitution unique : le Koran avec la tradition.

~~~~~~~~~~~~~~~

CHAPITRE VII

Sectes actuelles de l'islamisme

Ces sectes comprennent :

1° Les *sounniya* ou Sounnites ;

2° Les *chiâïya* ou Chites ;

3° Les *abadhiya* ou Abadites.

SECTION Iʳᵉ

Des Sounnites

Les Sounnites admettent pour *sounna*, ou règle, que la tradition est le complément nécessaire du Koran, et qu'elle doit même abroger les dispositions qui y sont contraires.

Abou-l-M'âali, après avoir exposé ce principe ainsi : « *Oua iedjouz neskr elkitâb bissounna,* » donne, comme exemple, ce verset, n° 176, chap. 2 du Koran : « Lorsque » l'un de vous se trouve à l'approche de la mort, il doit » laisser, par testament, ses biens à ses père et mère et à » ses proches ; » verset qui, chez les Sounnites, a été abrogé par cette tradition rapportée par Ettermidi et autres : « *La » ouasiyata liouarits:* Il n'y a pas de disposition testamen- » taire au profit d'un héritier. »

En effet, depuis la publication du verset ci-dessus rappelé, il en a paru un autre qui a fixé les parts héréditaires. Or, Mahomet, par sa tradition, n'a pas voulu que les héritiers, auxquels une part légale est assignée, pussent être avantagés.

Les Sounnites admettent en outre, sans restriction et comme articles de foi, les éléments qui ont été transmis par les disciples directs du Prophète, éléments qui constituent l'*idjma'á es's'ah'aba,* dont il sera parlé plus loin.

Ils ne reconnaissent comme successeurs légitimes du Prophète, ayant été investis du pouvoir spirituel et temporel, que les quatre premiers kalifes.

Enfin, ils forment quatre écoles dont nous parlerons.

SECTION II

Des Chites

Les Chites forment plusieurs sectes et sous-sectes. Ils ne reconnaissent qu'Ali comme seul kalife légitime ; suivant eux, les autres premiers kalifes sont des usurpateurs de ses droits et de ceux de sa postérité ; c'est pourquoi, du haut des minarets, les muezzins chites récitent cette formule :
» *Il n'y a d'autre Dieu que Dieu; Mahomet est son envoyé;*
» *Ali est le lieutenant du Prophète; Omar, Otsmane et*
» *Abou-Bekr, que vos noms soient maudits!* »

Ils n'admettent pas absolument, comme règle de conduite pour l'interprétation du Koran, la tradition et les errements des compagnons du Prophète, et ils ne reconnaissent pas à la tradition de vertu abrogeante sur le Koran ; d'après eux, chaque *moudjtehid* ou docteur peut interpréter le Koran selon son jugement et sa conviction.

Outre les dogmes principaux de la religion, que nous avons cités et qui sont communs à toutes les sectes, les Chites admettent comme dogme *el-imáma,* ou la succession légitime des kalifes, au spirituel et au temporel par Ali et Fathima.

SECTION III

Des Abadites

Les Abadites se divisent également en plusieurs sectes et sous-sectes, mais pas en aussi grand nombre que les Chites. Ils ont pour chef de doctrine l'*imam Abdallah—ibn—Abadh*. Ils se trouvent répandus dans l'Oman, à Zanzibar et en Algérie. Dans ce dernier pays, ils sont connus sous le nom de Mozabites. Le siége de leurs *imam* ou souverains, au nombre desquels figurait le célèbre *Abdelouahèb*, a été Tiaret (Algérie), pendant 200 ans à partir de la mort du Prophète. Aujourd'hui, leurs *imam* résident à Mascate. (Pour leur histoire nationale, consulter le livre connu chez eux, en Algérie, sous le nom de *Siar*.)

Ils ne reconnaissent comme légitimes que les quatre premiers kalifes, mais ils ne vénèrent que les deux premiers, Abou-Bekr et Omar, parce que, selon eux, les deux autres, et surtout Ali, auraient été injustes. Effectivement, sur la fin de son règne, Ali fit une guerre acharnée aux *kraouaridj*, hérétiques dont sont issus les Abadites.

Ils admettent la tradition comme complément du Koran [1], mais ils n'admettent pas aveuglément les éléments transmis par les compagnons du Prophète ; d'après eux, chaque moudjtehid peut interpréter le Koran et la tradition, d'après son appréciation, sans être lié par l'opinion des compagnons.

Les livres en renom qui sont suivis chez les Abadites et

---

[1] Et comme pouvant abroger les dispositions du Koran qui sont contraires à la tradition. Ainsi, l'exemple d'abrogation cité par Abou-1-M'àali, et rapporté sous le chapitre VII, section 1re de ce livre, est suivi chez les Abadites.

qui traitent des os'oûl eddîne et des foroû'â eddîne, sont :
1° *El-idhah'*, ou *l'Éclaircissement*, par *Cheikh 'Ameur ;*
2° *Qaoua'âïd-el-islam*, par *Cheikh-Isma'âïl ;* 5° *Nil* (fleuve
du), par *Cheikh Abdelâziz.*

~~~~~~~~~~~~~~~~~~~~~

CHAPITRE VIII

Différences entre les sectes sounnites, chites et abadites

Chacune de ces sectes interprète d'une manière différente
les *os'oúl eddîne,* ou les dogmes de la foi. Et, en ce qui
touche les *foroú'â eddine,* elles sont en désaccord sur
certaines pratiques et certaines règles.

Quelques exemples :

Les *Sounnites* admettent la prédestination d'une manière
absolue, en ce sens que c'est Dieu qui gouverne le monde et
qui a fixé d'avance le sort des humains. Aussi, pour tout ce
qui leur arrive et tout ce qu'ils font, en bien ou en mal, ils
disent que c'est Dieu qui l'a écrit ; et ils ne parlent jamais
d'une action à faire ou d'un événement qui peut survenir
sans ajouter cette formule : *ine challah,* s'il plaît à Dieu. —
Les *Chites* admettent également la prédestination comme
attribut de Dieu, qui a la prescience, mais en ce sens que
l'homme a son libre arbitre et qu'il peut choisir entre le
bien et le mal.

Les *Sounnites* n'admettent l'éternité des peines de l'enfer que pour le mécréant. — Les *Chites* et les *Abadites* l'admettent sans exception.

Les *Sounnites* fixent le mode d'ablution qui doit précéder la prière ainsi : se laver la figure, les mains jusqu'au coude, les pieds jusqu'à la cheville, et se frotter la tête. — Les *Chites* et les *Abadites*, pour cette ablution, se conforment à la lettre du Koran : se laver la figure, les mains jusqu'au coude, *puis se frotter la tête et les pieds jusqu'aux talons.*

Les *Sounnites* et les *Abadites* ne reconnaissent que le mariage permanent, dissoluble seulement par la répudiation ou la mort. — Les *Chites* admettent, *en outre*, le mariage temporaire, dissoluble à l'expiration du temps pour lequel il a été fixé.

En résumé, la connaissance des différences qui existent entre chaque secte n'est pas d'une utilité absolue pour les gouvernements chrétiens qui ont des sujets musulmans sous leur domination et qui veulent les assimiler en partie à leurs nationaux ; car le fond de l'islamisme est le même partout, et quand on est bien pénétré des bases de cette religion et des principes de droit admis par les jurisconsultes d'une secte, on peut dire qu'on connaît les doctrines de toutes les sectes : *unum cognóris, omnes nóris.*

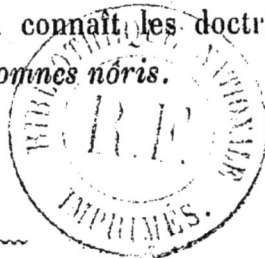

CHAPITRE IX

Idjma'â es's'ah'aba

Les Sounnites entendent par *idjma'á es's'ah'aba* l'accord unanime, exprès ou tacite, des disciples directs du Prophète, sur des points de doctrine et de jurisprudence non prévus dans le Koran et la tradition. C'était de leur part une interprétation publique de la loi divine, interprétation que les Sounnites admettent aveuglément et qui leur sert de base pour l'interprétation qui, aujourd'hui, n'est plus que privée et est laissée à chaque individu qui possède l'*idjtihad,* ou la science dite *el fiqh,* science soumise à des règles dont l'ensemble constitue l'art de l'interprétation.

C'est après la mort des quatre premiers kalifes que les décisions des compagnons du Prophète ont été recueillies, puis consignées dans les livres de jurisprudence, et que les sectes actuelles ont commencé à bien se dessiner et à prendre une consistance qui les a rendues fortes et indépendantes les unes des autres, à ce point que l'individu a pu afficher son opinion sans craindre d'être persécuté, ce qui n'avait pas lieu sous Mahomet et les quatre premiers kalifes, qui étaient tout à la fois pontifes et princes et qui ne souffraient ni le schisme ni l'hérésie ; ce qui faisait dire à Mahomet, lorsqu'il s'adressait à des musulmans qui n'admettaient certains points de sa doctrine qu'ostensiblement, qu'ils étaient des *mounafiqoune* ou des hypocrites.

Les disciples directs du Prophète n'ont jamais formé de conciles. Leurs décisions étaient individuelles, et lorsque, par leur réunion sur une même question, elles étaient unanimes, *expressément* ou *tacitement,* ainsi qu'il sera expliqué plus loin, cela constituait l'*idjma'â,* ou l'unanimité, qui, seule, a force de loi pour les Sounnites.

~~~~~~~~~~~~~

CHAPITRE X

Auteurs des doctrines sounnites

Les Sounnites ont pour *aïmma* (pluriel d'*imam*), ou chefs de doctrine, quatre jurisconsultes célèbres :

1° Abou-Hanifa-N'âmane-ibn-Tabit ;
2° Malek ;
3° Chafi'â ;
4° Hamed-ben-Hanbal.

De là, les quatre écoles hanéfite, malékite, chaféïte et hanbalite pour indiquer la doctrine et les partisans de chacune d'elles. Les Sounnites forment une seule secte, parce qu'ils sont d'accord sur les bases de la religion et sur les éléments transmis par les compagnons du Prophète. Ils ne diffèrent entre eux que pour l'interprétation et l'application de ce qui est relatif aux *foroû'â eddine,* et souvent même ils sont d'accord pour cette interprétation et cette application. En droit musulman, les divergences qui peuvent exister sur l'interprétation des *foroû'â eddine* ne constituent ni un schisme, ni une hérésie. C'est pourquoi les partisans de chacune des quatre écoles ci-dessus ne forment pas quatre sectes proprement dites, si l'on attache au mot secte l'idée d'*erreur* ; et ne forment pas non plus quatre rites, si l'on attache au mot rite le sens de *cérémonie religieuse,* parce qu'en effet, les *foroú'â eddine,* sur l'interprétation de parties desquelles seulement les quatre écoles sont en divergence, ne se composent pas exclusivement de cérémonies. D'où la conséquence, selon nous, que le mot *école* ou *doctrine* est préférable au mot *rite.*

Les Sounnites se posent comme orthodoxes et considèrent comme *kraouaridj,* hérétiques ou sortis de leur giron, ceux qui ne sont pas de leur avis sur les grands principes de la foi et sur les éléments transmis par les compagnons du Prophète.

Il faut se garder de confondre *idjma'â es's'ah'aba, accord unanime des compagnons du Prophète,* avec *idjma'â-el-u-ïmma el arb'â, accord unanime des quatre imam.* Dans ce dernier cas, cela signifie que telle règle est admise par les quatre docteurs et doit être suivie par les partisans des quatre écoles. Lorsque cette unanimité n'existe pas, on dit qu'il y a *krilaf* ou divergence entre ces docteurs.

CHAPITRE XI

Acception juridique de certains termes, pour l'intelligence du Koran, de la tradition et de la doctrine

1° *Fardh* indique ce qui est d'obligation stricte, *de par Dieu, fardh mine allahi,* dans le Koran ; — *de par son Prophète, fardh mine rasoulihi,* dans la tradition ;

2° *H'alâl,* ce qui est licite ;

3° *H'arâm,* ce qui est strictement défendu ;

4° *Ouâdjib* est synonyme de *fardh,* mais s'emploie plus spécialement dans la doctrine ;

5° *Fardh* se subdivise en *fardh 'âïne,* obligation d'œil ou obligation personnelle, et en *fardh kifaya,* obligation de suffisance, c'est-à-dire obligation qui est suffisamment remplie par la communauté musulmane ou ceux qui la représentent, abstraction faite de l'individualité ;

6° De *fardh* et de *h'arâm* découlent les droits de Dieu, *hoqoûq ollah,* soit les sanctions pénales que Dieu a attachées à l'omission de ce qui est obligatoire et à la commission de ce qui est défendu ;

7° Des *h'oqoûq ollah* découlent les *h'odoûd* ou les peines déterminées par la loi [1] ;

---

[1] Il y a aussi les peines indéterminées, qui sont laissées à la discrétion du magistrat, mais en tant qu'il s'agit d'infractions auxquelles la loi n'a attaché aucunes sanctions pénales. — Le juge ne peut réduire ni augmenter les peines déterminées.

8° Les *h'oqoúq ollah* emportent corrélation des *h'oqoúq ennas* ou droits des individus, parce que les droits que Dieu a établis pour ses créatures lui sont aussi chers que les siens.

PARTICULARITÉS

§ 1er. — Fardh mine ollahi

Fardh mine ollahi, ou ce qui est d'obligation koranique, ne s'entend pas seulement du culte que l'on doit à Dieu, mais encore des droits des hommes entre eux, en tant que ces droits sont inscrits dans le Koran.

§ 2. — Fardh mine rasoulihi

Fardh mine rasoulihi, ou ce qui est d'obligation prescrite par le Prophète, résulte de la tradition et est aussi sacré, pour les *Sounnites,* que ce qui est d'obligation koranique.

§ 3. — Ouâdjib

Ouâdjib est synonyme de *fardh.* Sid-Khalil l'emploie à l'égard de l'impôt *zakat,* quoique cet impôt résulte d'une prescription koranique, en se servant du verbe *tedjib* dont dérive le participe *ouâdjib.*

§ 4. — Fardh 'âïne

Par *fardh 'âïne,* obligation d'œil, on entend l'obligation personnelle à laquelle nul musulman ne peut se soustraire s'il est en état de la remplir.

Ainsi, l'obligation de prier cinq fois par jour, de jeûner tout le mois de ramadan, de payer un don à la femme que l'on épouse, d'accepter une fonction publique, de payer ses dettes, etc., — est dite *obligation d'œil.*

Toute obligation, indiquée seulement par le mot *fardh,* est censée *fardh 'âïne,* tant que la doctrine n'a pas décidé le contraire.

§ 5. — Fardh kifaya

Par *fard kifaya,* ou obligation de suffisance, on entend celle qui, étant remplie par la communauté musulmane, cesse d'être à la charge de l'individualité. Ainsi, la prière pour les morts, la guerre contre les infidèles, sont d'obligation koranique ; mais il suffit qu'une fraction de la communauté s'en acquitte convenablement pour que l'individualité en soit déchargée.

Ces distinctions de *fardh* en *fardh 'âïne* et *fardh kifaya* ne sont pas dans le Koran : c'est la doctrine qui les a établies.

§ 6. — H'oqoûq ennas

Les *h'oqoûq ennas,* ou droits des individus, résultent : 1° de conventions légalement formées ; 2° d'engagements imposés par la seule autorité de la loi, indépendamment de la volonté des parties ; 3° d'un fait personnel à celui qui se trouve obligé, comme dans le cas d'un quasi-contrat, d'un délit ou quasi-délit.

Nous ne nous occuperons ici que des droits résultant d'engagements imposés par la seule autorité de la loi.

Ces droits s'appliquent entre propriétaires voisins, à raison de servitudes, et contre les tuteurs et les cadis qui ne peuvent refuser les fonctions qui leur sont déférées.

Ces droits peuvent aussi dériver de cette partie de la loi morale qui prescrit des devoirs, sans que ces devoirs soient socialement exigibles. Ainsi, secourir les malheureux est un devoir dont personne ne peut réclamer l'exécution. Mais si, dans un cas de nécessité absolue, le devoir moral est oublié, il devient une obligation que la raison, la justice et l'humanité reconnaissent au profit d'un tiers. Tel est celui de l'individu qui, dans un endroit désert, où il ne peut trouver de secours, ni implorer l'assistance publique, se voit livré aux angoisses de la soif et exposé à mourir avant d'arriver à sa destination ou à un endroit où il pourra trouver de l'eau. Il a le droit, avec ou sans paiement, d'en exiger *à son corps défendant*, dans la proportion de ce qui lui est nécessaire pour arriver à bon port, de celui qui se trouve en avoir en sa possession. Sid-Khalil, chapitre des terres mortes, sous ce passage : *illa mène krîfa 'âlih oua la tsémène m'âhou*, reconnaît ce droit au profit de celui qui court le risque de périr de soif, en tant que celui contre lequel ce droit est exercé a de l'eau *fâdhil*, c'est-à-dire excédant ses besoins du moment. Mais Sid-Krarchi, son commentateur, blâmant plutôt l'expression que l'intention de Sid-Khalil, dit qu'il aurait dû s'exprimer ainsi : *illa ida krîfa 'âlih*, parce qu'alors le sens eût été : que le droit sur l'eau s'exerçait tant contre celui qui en a en sus de ses besoins actuels, que contre celui qui n'en a que pour ses besoins du moment [1].

Ce qui vient d'être dit pour la soif est applicable pour la faim, d'après les jurisconsultes : *Ubi eadem ratio idem jus.*

Nous avons vu que celui qui est livré aux angoisses de la soif, dans les circonstances indiquées, peut exiger de l'eau *à son corps défendant.* On comprend en effet, que, si la loi ne l'eût pas autorisé à se faire justice, son droit eût été illusoire. C'est le cas légal de la justice individuelle. La doctrine reconnaît également la justice collective, *h'akme el djema'â* [2], qui peut être rendue par les notables d'une localité dépourvue de magistrat.

CHAPITRE XII

De l'interprétation des lois chez les Sounnites

L'interprétation s'appelle *idjtihad;* celui qui s'y livre s'appelle *moudjtéhid.*

---

(1) Cela prouve que *Sid-Khalil,* ainsi que j'ai eu l'occasion de le remarquer nombre de fois, n'a pas toujours l'adhésion des jurisconsultes, et que son texte, pour être intelligible, devrait être traduit avec tout le commentaire de Sid-Krarchi.

(2) Dont parle Ibn-Salamoune, section de l'*àdda,* de la femme dont le mari a disparu, sous ces mots : *li-anna fâl el-djema'â m'à 'àdmi el-imam Ka-h'akmi el-imam.*

L'interprétation de la loi du Koran et de la tradition qui, chez les Sounnites, a également force de loi, est *publique* ou *privée*.

L'interprétation *publique* [1] est celle qui provient du Prophète dans la tradition, et de ses disciples directs dans leurs décisions. Nous l'appelons *publique*, parce qu'elle *doit être acceptée* par les magistrats et les jurisconsultes.

L'interprétation *privée* (ou par *voie de doctrine*) est celle qui provient tant des magistrats que des jurisconsultes et qui est consignée dans les livres de jurisprudence. Nous l'appelons *privée*, parce qu'elle n'est pas *rigoureusement obligatoire* et que chaque magistrat ou jurisconsulte qui possède l'*idjtihad*, ou le talent de l'interprétation, peut y substituer son opinion *personnelle*.

L'*idjtihad*, chez les Sounnites, ne s'exerce que sur les *foroü'â eddine*, parce que les *os'oül eddine*, ou grands principes de la foi, ont été, sous Mahomet et ses disciples directs, l'objet d'une interprétation publique qui ne permet plus de révision et qui a acquis l'autorité de la chose jugée.

Les Chites, *au contraire*, par ce fait qu'ils n'admettent pas toute la tradition comme complément indispensable du Koran [2], ni à plus forte raison l'opinion des compagnons du Prophète comme étant l'expression de la vérité, permettent

---

(1) On peut l'appeler également interprétation *par voie d'autorité*, parce qu'elle est considérée comme ayant résolu les questions et les doutes par voie de règlement et de disposition générale.

(2) Parmi les traditions, il y en a qui sont défavorables à Ali sous le rapport des priviléges personnels auxquels il prétendait par suite de plusieurs expressions du Prophète. Ces priviléges lui ayant été déniés par la plupart des compagnons de Mahomet, il en est résulté que les descendants et partisans d'Ali ont rejeté ces traditions défavorables, pour n'admettre que celles qui avaient été transmises par Ali lui-même. (Voir DE TORNAUW, p. 20.)

l'interprétation privée, tant sur les *foroú'â eddíne* que sur
les *os'oúl eddine*.

SECTION Ire

Cas dans lesquels il y a lieu à interprétation de la loi. Ce que la loi comprend. De l'usage et de la coutume

Il y a lieu à interprétation de la loi, lorsqu'elle est silencieuse, obscure ou insuffisante.

La loi, dans sa partie principale, comprend le Koran, en
ce qui touche les versets non abrogés entre eux ou par la
tradition.

Dans ses parties accessoires elle comprend : 1° la tradition ;
2° les décisions rendues à l'unanimité par les compagnons du
Prophète.

Le Koran a le pas sur ses accessoires, et la tradition sur
les décisions des compagnons.

De l'abrogation, par le Koran, des lois divines qui l'avaient
précédé, résulte virtuellement et *a fortiori* l'abrogation des
usages et coutumes qui étaient en vigueur chez les Arabes.

Les anciens usages qui ont survécu au Koran et qui n'ont
pas été réglés dans ce livre, ainsi que les nouveaux qui se
sont introduits chez les Arabes, ne peuvent jamais déroger
à la loi.

En théorie, le magistrat n'est pas légalement tenu, lors—
qu'il y a silence ou insuffisance de la loi, d'appliquer l'usage
ou la coutume [1], alors même que la doctrine s'y réfère,

---

(1) En effet, Ibn-Salamoune, dans l'indication des sources auxquelles le juge,
d'après Malek, doit s'adresser, ne parle ni de l'*usage* ni de la *coutume*. (Voir
chap. XIV, section III de ce livre.)

parce que, d'une part, le *cheri'aá* ou la loi divine *est seule*
obligatoire pour lui et qu'il peut toujours y trouver des
éléments de conviction, et que, d'autre part, la doctrine n'est
qu'une interprétation privée qu'il peut repousser pour y
substituer la sienne [1].

Toutefois, il est admis dans *la pratique* que : 1° l'usage,
el-'áada, 2° la coutume, *el-'eûrf* [2], que la doctrine s'y réfère
ou ne s'y réfère pas, ont force obligatoire et doivent être
appliquées lorsque la loi est silencieuse ou insuffisante ; si
elle n'est qu'obscure, c'est au magistrat de l'éclaircir.

SECTION II

De l'art d'interpréter la loi

Cet art repose : 1° sur la science dite *el-fiqh,* avec le

---

(1) Un fait analogue existe en France : le juge qui violerait des usages relatifs
à des matières non réglées par le code Napoléon, et auxquels la loi ne se réfère pas
d'une manière expresse, serait dans la légalité, et sa décision échapperait à la
censure de la Cour de cassation. — Dans la loi musulmane, on ne rencontre
aucune disposition se déférant aux usages. D'après l'esprit de cette loi, le juge
ne peut se laisser arrêter par des précédents de doctrine ou de jurisprudence dont
l'expérience lui aurait démontré l'erreur ou les inconvénients.

(2) Je lis dans l'*Anthologie* de M. DE SACY, page 438, que MM. Mouradgea
d'Ohson et de Hammer ont traduit le mot *'eûrf* par *volonté arbitraire du
souverain.* Je ne crois pas qu'une *pareille volonté* forme une des sources du
droit musulman. Le souverain peut bien, *comme interprète de la loi,* rendre
obligatoire son opinion, mais cette opinion doit être fondée sur le raisonnement et
non sur l'*arbitraire.* La traduction que donne M. de Sacy de la définition du mot
'eûrf, telle qu'elle se trouve dans le livre dit *Kitâb ettârifât,* semble confirmer
mon opinion. Voici cette définition : « On appelle *ourf,* ce que les âmes adoptent
» et à quoi elles s'en tiennent, d'après le témoignage de la raison, et que l'esprit
» accueille naturellement, en lui donnant son assentiment. C'est aussi une sorte de
» démonstration, mais d'un genre qu'on saisit plus promptement. Il en est de
» même du mot *âdet* (coutume): c'est ce que les hommes pratiquent constam-
» ment, en se reposant sur l'autorité de leur raison, et qu'ils réitèrent fréquem-
» ment. » — D'après les manuscrits que j'ai consultés, je pense que le mot *'áada*
doit se traduire par *usage,* et le mot *'eûrf* par *coutume.*

secours de laquelle on raisonne par *qias,* analogie, ou par *delil,* induction ; 2° sur la connaissance des errements tracés par les compagnons du Prophète et par les quatre chefs de la doctrine sounnite.

Il consiste non—seulement à suppléer *théoriquement* au silence, à l'obscurité ou à l'insuffisance de la loi, mais encore à appliquer la théorie à la *pratique,* c'est-à-dire à porter des jugements sur tous les actes extérieurs de libre volonté, que ces actes se rapportent au culte ou qu'ils se rapportent à la vie sociale, avec cette distinction que les jugements provenant des magistrats investis de l'autorité judiciaire, sont *obligatoires* pour ceux qu'ils concernent, tandis que les autres n'équivalent qu'à une consultation que le magistrat est libre d'écarter ou de sanctionner juridiquement ; et avec cette distinction, en outre, que le souverain, dans *l'intérêt général de ses sujets,* peut rendre obligatoire, sous forme de loi, les décisions et jugements émanant des magistrats ou juris—consultes.

§ 1er. — El fiqh

La science dite *el fiqh* ne s'exerce que sur les *foroú'á eddine.* Elle implique la connaissance de la langue arabe, de la grammaire, de la logique, des textes abrogés et non abrogés du Koran, de la tradition, des errements tracés par les compagnons du Prophète et de la doctrine des chefs de la secte sounnite, et elle consiste dans la connaissance théorique et pratique du droit en général.

Dans le langage ordinaire, *el fiqh* signifie la *compréhension.* Dans le langage judiciaire, il signifie *la connaissance des jugements (márifat-el-ah'kám),* c'est-à-dire l'application du droit aux faits, connaissance qui a pour agent l'*idjtihad,* ou l'intelligence des lois : *thariqou-ha el-idjtihad.*

En conséquence, il rentre dans le domaine de la science dite *el fiqh,* par exemple :

1° De rechercher si, dans l'ablution qui doit précéder la prière, l'intention, *enniya,* ou l'esprit dans lequel on fait l'ablution, sur laquelle la loi ne s'explique pas, est obligatoire pour la validité de cette prière ;

2° De décider que la prière dite *el-ouitr,* qui se dit en sus des cinq prières journalières obligatoires, et à l'omission ou à la commission de laquelle la loi n'attache aucune sanction, n'est que louable et nullement obligatoire ;

3° De décider que l'impôt dit *zakat,* sur lequel la loi ne s'explique que d'une manière générale, est obligatoire sur les biens de l'enfant, quand même cet enfant n'a pas la capacité juridique, et qu'il ne l'est pas sur les bijoux dont les femmes sont autorisées à se parer ;

4° De décider que le meurtre volontaire, au moyen d'un instrument lourd, contondant, sur lequel genre d'instrument la loi ne s'est pas expliquée, entraîne la peine du talion.

Tandis qu'il ne rentre pas dans le domaine de cette science de savoir, par exemple :

1° Que les cinq prières journalières sont obligatoires, *ouadjiba,* pour tout musulman ;

2° Que la fornication est défendue, *moharrem,*

Parce que ces préceptes font partie de ceux qui sont clairs et précis, connus du vulgaire, à l'égard desquels nul n'est admis à invoquer son ignorance, pour s'excuser de leur inobservation et s'affranchir des conséquences qu'elle entraîne.

§ 2. — Qias

Le raisonnement par analogie, *qias,* consiste à appliquer les règles que la loi n'a établies que pour une matière déterminée ou une situation donnée, à des matières et situations analogues.

Exemple :

Lorsque le Koran a prohibé le prêt à intérêt, ç'a été plutôt sur les denrées que sur l'argent, car la monnaie était peu employée dans les transactions. Or, à cette époque, le riz n'entrait pas dans les transactions, parce que la culture n'en était pas encore répandue chez les Arabes. Mais lorsque, par suite de leurs conquêtes, il fut cultivé par eux en grand et devint chez eux l'objet d'un commerce étendu, les jurisconsultes craignirent qu'on ne le prêtât à intérêt, sous le prétexte que le Koran n'avait pu faire allusion au riz. C'est alors qu'ils ont décidé, par voie de *qias* ou d'analogie, que le riz, par rapport au prêt à intérêt, devait être assimilé au blé, *parce que l'un et l'autre sont destinés à l'alimentation : Ka-qias el-a-rouz 'ála el-bourr firriba bi-dja-mi'á etth'áam.*

§ 3. — Delil

Le raisonnement par *delil,* induction, consiste à appliquer une disposition de loi à des cas qui n'offrent pas ou n'offrent que peu d'analogie avec ceux que cette disposition a prévus, mais qui permettent de conclure, par rapprochement, que cette disposition leur est applicable.

Exemple :

Le propriétaire d'un animal est tenu de réparer le préjudice causé par cet animal.

Quid du maître dont l'esclave a causé un préjudice?

Pour la responsabilité *personnelle de l'esclave*, il y a ce rapprochement entre lui et l'homme libre, c'est qu'ils sont tous les deux des *êtres humains*.

Mais, entre l'esclave et l'animal, il y a ce rapprochement, c'est qu'ils sont considérés tous les deux comme *choses*.

D'où l'on infère que l'esclave tient plutôt aux choses qu'aux personnes, puisqu'il entre dans le commerce et que, par conséquent, il doit, pour le dommage qu'il cause, être assimilé à l'animal, c'est-à-dire que le maître doit réparer le préjudice causé par son esclave. (Il est bon d'observer ici que le maître, poursuivi en réparation du préjudice causé par son esclave, peut réclamer le bénéfice de l'action noxale, c'est-à-dire se décharger de l'obligation de payer les réparations en abandonnant l'esclave à celui qui en a éprouvé un dommage; car il eût été injuste que la méchanceté des esclaves fût préjudiciable à leurs maîtres, au delà de leur valeur.)

§ 4. — Ce qu'on entend par *idjma'á es's'ah'aba,* ou accord unanime des compagnons du Prophète, quant à l'interprétation de la loi (1)

Ce qu'on appelle *idjma'á* (es's'ah'aba) est l'accord unanime

---

(1) Je donne ici des extraits du livre d'*Abou-l-M'áali,* commenté par *Cheikh-Djelal-eddine-el-Méhalli.*

des *'eûlama* ou savants de l'époque qui a suivi la mort du Prophète, *sur des faits nouveaux,* qui présentaient à juger des questions de droit dont on ne trouvait la solution ni dans le Koran, ni dans la tradition : *oua amma el-idjma'á fa-houa ittifaq 'eûlama ehl el-'ás'r 'ála h'akmi el-h'aditsa.*

Par *'eûlama,* il faut entendre ici *el-foqahá,* les jurisconsultes, *soit les compagnons du Prophète,* parce que tous étaient imbus de la connaissance de la loi, d'après les leçons qu'ils avaient reçues de leur maître.

Il ne faut pas confondre *el-foqaha,* les jurisconsultes, avec *el-os'ouliyîne,* les théologiens ; parmi les compagnons du Prophète, il y avait des uns et des autres, mais il y a cette différence entre eux, c'est que les théologiens sont nécessairement jurisconsultes, en ce sens que, s'exerçant principalement sur les *os'oûl eddîne* ou les principes fondamentaux de la religion, ils connaissent ce qui en découle, soit les *foroú'á* ou branches, tandis que les simples jurisconsultes, *el-foqaha,* admettent aveuglément ces principes fondamentaux pour ne s'exercer que sur les branches de la religion. Or, à cette époque, les grands principes, *os'oûl,* avaient été établis et admis, du vivant de Mahomet, par tous ses compagnons, et, dès lors, ceux-ci n'avaient plus à se prononcer qu'en qualité de *foqaha* sur les faits nouveaux et sociaux, *indépendants de la foi,* que le développement de l'islamisme avait engendrés.

Par *faits nouveaux,* il ne faut entendre que ceux qui pouvaient être l'objet de décisions juridiques. En conséquence, l'accord unanime des compagnons du Prophète ne peut avoir aucune influence sur ce qui est étranger au genre judiciaire, à la philologie par exemple, parce que chaque science exige des connaissances spéciales, et lorsque, dans une science quelconque, il y a accord des savants qui la traitent, sur la solution d'une question qui en dépend, leurs décisions doivent être admises comme étant l'expression de la vérité, d'après cette tradition du Prophète rapportée par Ettermidi : *La tedj-ta-mi'â ommati 'âla dhalala* : Mon peuple ne peut être d'accord sur une erreur.

Ce qui veut dire que si, pour la solution d'une question jurisprudentielle, il est nécessaire d'être fixé préalablement sur les données d'une autre science, ces données doivent être admises comme étant l'expression de la vérité, en tant qu'elles sont acceptées unanimement par ceux qui traitent cette science.

L'accord unanime des compagnons du Prophète, sur des questions de jurisprudence, constitue un argument légal, décisif, obligatoire pour les jurisconsultes de leur époque, pour ceux qui sont venus après eux et pour ceux qui se produiront, *jusqu'à ce qu'il n'en reste plus un: H'atta la iebqa 'âalim.* (IBN-SALAMOUNE, chap. *el qadha.*)

Cet accord unanime résultait : 1° de la conformité de leurs paroles avec leurs actions : *el-idjma'â bi-qaou-li-him oua bi-f'âli-him;* 2° de l'approbation tacite *idjma'â essokouti,* par les uns, des paroles et des actions des autres, parvenues à la connaissance des premiers sans qu'ils les aient désapprouvées.

§ 5. — *Idjma'â el-a-imma el-arb'â* ou accord des quatre auteurs de la doctrine sounnite sur des points de jurisprudence

Cet accord est survenu après la mort des compagnons du

Prophète et du vivant de la plupart des *tabi'áoune* ou disciples des compagnons.

Les auteurs de la doctrine sounnite admettent, sans restriction, les errements tracés par les compagnons ; ils ne sont en divergence que sur l'interprétation des *foroú'á eddíne*, à l'égard de quelques matières ou situations sur lesquelles le Prophète et ses compagnons ne se sont pas expliqués claire- ment ou ne se sont point expliqués du tout. Alors, chacun de ces docteurs a expliqué ces matières ou situations selon son appréciation, d'après les règles de l'art d'interpréter les lois ; lorsqu'ils sont du même avis, on dit qu'il y a *idjma'á* ou accord entre eux, et lorsqu'ils sont en désaccord, on dit qu'il y a *kriláf* ou divergence entre eux.

Je constate ici, et nous aurons l'occasion de le constater encore :

Que celui qui possède l'*idjtihad* peut interpréter dans un *sens progressif* les *foroú'á eddíne,* et que son interprétation, quand même elle est en désaccord avec celle de ses contem- porains ou de ses devanciers, a un caractère de légalité et peut, quand elle est appuyée de textes koraniques ou tradi- tionnels, et qu'elle ne contrarie pas les errements tracés par les compagnons du Prophète, ni les dogmes principaux de la foi, devenir obligatoire pour les sujets d'un royaume, avec la sanction du souverain, surtout lorsque cette interprétation repose sur des faits qui n'ont pu être prévus par les compagnons du Prophète, par exemple : *la conquête de l'Algérie par les Français.* Car, alors, il y a lieu, à l'exemple de l'*idjma'á* des compagnons, de procéder sur des *faits nouveaux* qu'il s'agit forcément de concilier avec l'ancienne situation.

§ 6. — Des *ah'kâm*, jugements, décisions

L'interprétation des *foroú'à eddîne* ne doit pas se borner à indiquer que tel acte est conforme ou paraît conforme à l'esprit de la loi ; elle doit, en outre, prononcer avec assurance, au moyen de *ah'kâm*, que cet acte est juridiquement obligatoire, ou louable, ou facultatif, ou défendu, ou toléré, ou valable, ou nul, ainsi qu'il va être expliqué.

Tout acte extérieur de libre volonté, quant au jugement que le magistrat ou le jurisconsulte est appelé à y porter, ne peut être considéré que de l'une des sept manières suivantes :

1° *Ouâdjib ;*

2° *Mèndoúb ;*

3° *Moubáh' ;*

4° *Mah'dhoûr ;*

5° *Mekroúh ;*

6° *S'ah'ih' ;*

7° *Bathil.*

1° *Ouâdjib* ou *fardh, obligatoire,* s'entend de l'acte dont la commission attire une récompense de la part de Dieu, et dont l'omission attire une peine tant de la part de Dieu que de la part des hommes[1];

2° *Mèndoúb* ou *moust–habb, louable, méritoire,* s'entend de l'acte dont la commission attire une récompense de la part

---

[1] Par *récompense de la part de Dieu*, il faut entendre que Dieu récompensera dans l'autre monde celui qui a fait son devoir ou s'est conformé à sa loi. Par *peine tant de la part de Dieu que de la part des hommes*, il faut entendre que l'infracteur sera d'abord puni en ce monde par les tribunaux, conformément à la loi, et, qu'en outre, il le sera dans l'autre, à moins qu'il n'obtienne la miséricorde de Dieu.

de Dieu, et dont l'omission n'entraîne aucune peine, tant de la part de Dieu que de la part des hommes ;

3° *Moubâh' ou djaïz ou h'alâl, ce qui est permis, licite, facultatif,* s'entend de l'acte dont la commission n'attire aucune récompense de la part de Dieu, et dont l'omission n'entraîne aucune peine tant de la part de Dieu que de la part des hommes ;

4° *Mah'dhoûr ou h'arâm, défendu, prohibé,* s'entend de l'acte dont l'omission attire une récompense de la part de Dieu, et dont la commission attire une punition tant de la part de Dieu que de la part des hommes ;

5° *Mekroûh, toléré, mais vu défavorablement,* s'entend de l'acte dont l'omission attire une récompense de la part de Dieu, et dont la commission n'attire aucune peine tant de la part de Dieu que de la part des hommes ;

6° *S'ah'ih', valable,* s'entend des contrats à titre onéreux ou à titre gratuit, et des actes de dévotion ;

7° *Bathil, nul,* s'entend également des contrats à titre onéreux ou à titre gratuit, et des actes de dévotion. Ce qui est nul ne peut produire aucun effet, mais peut entraîner une peine lorsque la nullité provient de l'omission d'une formalité exigée ou de la commission d'un fait défendu. En résumé, la nullité d'un contrat ou d'un acte de dévotion ne peut résulter que de l'inaccomplissement de ce qui est *ouâdjib,* ou que de la commission de ce qui est *mah'dhoûr.*

CHAPITRE XIII

De l'abrogation des lois [1]

SECTION Ire

Règles générales d'abrogation admises par toutes les sectes

L'abrogation, *ennèskr*, est assimilée par les Arabes au soleil, qui, en s'élevant et en brillant, fait disparaître l'ombre. L'astre qui fait disparaître l'ombre s'appelle *ennásikr*, l'ombre qui a disparu s'appelle *el-mensoukr*.

Dans le langage du droit, il y a abrogation lorsque la loi nouvelle contient des dispositions qui indiquent tacitement la suppression de la loi ancienne; ce qui veut dire que, sans l'existence de la loi nouvelle, l'ancienne conserverait toute sa force : *oua hadd ennèskr cher'áne el-krithabou eddallou 'ála ref'áï el-hakmi ettabit bil-krithab el-motaqaddam 'ála ouedj-hine lou lahou la-kana tabitane m'á terákrih 'ánhou.*

Par conséquent, la loi abrogeante s'appelle *ennásikr*, et la loi abrogée *el-mensoúkr*.

L'abrogation est *expresse* ou *tacite*. Elle n'est *expresse* qu'à l'égard des lois divines révélées avant la publication du Koran ; elle est toujours *tacite* en ce qui touche les divers passages du Koran qui se contrarient.

---

(1) J'ai placé *l'abrogation* après *l'interprétation*, parce que l'abrogation, étant toujours tacite, ne peut être appréciée qu'avec la connaissance des règles de l'interprétation.

En principe :

1° Lorsque les dates de deux textes koraniques, contenant des dispositions contraires, sont connues, le dernier abroge le plus ancien : *lex posterior derogat priori ;*

2° Lorsque les dates de deux textes koraniques, contenant des dispositions contraires, ne sont point connues, on tâche de les concilier ou de leur donner à chacun un sens particulier [1].

SECTION II

Règles générales d'abrogation admises par les Sounnites

§ 1er

Un texte du Koran peut être abrogé, quant à sa lettre, et la sanction de ce texte peut être maintenue.

Cette règle s'applique à un verset qui n'a pas été reproduit dans le Koran, lors de sa collection, et qui portait : *L'homme et la femme mariés, coupables d'adultère, lapidez-les.*

C'est en se fondant sur ce verset, que le Prophète ordonnait la lapidation des *moh's'inîne,* c'est-à-dire des hommes et des femmes mariés, coupables d'adultère.

§ 2

De deux textes koraniques, dont les dates sont connues, et

---

[1] L'ordre dans lequel sont rangés les textes du Koran n'indique pas un ordre de dates : les commentaires seuls peuvent fixer le lecteur à cet égard.

qui contiennent des dispositions contraires, il est permis [1]
*de considérer le nouveau comme abrogeant l'ancien. Alors,
ce dernier reste à l'état de lettre morte (parce que la parole
de Dieu ne peut disparaître du Koran).*

Exemple :

Ce verset : « Ceux d'entre vous qui mourront laissant des
» épouses, leur assigneront un legs destiné à leur entretien
» pendant une année (ch. 2, v. 241), » a été abrogé par
celui-ci : « Les femmes veuves doivent attendre quatre mois
» et dix jours avant de se remarier (ch. 2, v. 234). »

Sous l'empire du premier verset, la femme veuve ne pouvait se remarier avant un an. C'est pourquoi il était recommandé au mari de lui faire un legs d'entretien pour cette
durée.

Mais comme le second verset n'impose à la femme veuve
qu'une viduité de quatre mois et dix jours, il en résulte que
le legs d'entretien n'est plus recommandé que pour cette
nouvelle durée.

§ 3

Une tradition, faisant partie de celle dite sounna f'àliya,
peut être abrogée par un texte du Koran.

---

(1) La doctrine, par respect pour Dieu, dit : *il est permis,* et non : *il est
obligatoire ;* du moment que Dieu ne s'est pas exprimé ouvertement, l'homme
ne peut pénétrer ses desseins pour commander en son nom. Mais, théologiquement
parlant, celui qui se conformerait à l'un de deux textes contraires, plutôt qu'à
l'autre, ne désobéirait pas à la loi de Dieu.

Exemple :

Dans le principe, Mahomet et les musulmans, dans la prière, se tournaient du côté de Jérusalem, *bit el-moqoddeus,* sans qu'ils fussent obligés de se tourner de ce côté plutôt que vers tel autre ; car, ils n'étaient que sous l'empire du verset 109, chap. 2, qui leur laissait toute latitude à cet égard. Mais, par le verset 139, chap. 2, il leur a été définitivement ordonné de se tourner du côté de la *k'âba* ou temple de la Mecque.

§ 4

Lorsqu'une disposition koranique est en faveur de quelqu'un, il est permis de la considérer comme abrogée et comme n'existant plus qu'à l'état de lettre morte, par suite du non remplacement de la personne pour laquelle cette disposition avait été faite.

Exemple :

Un verset porte : « Avant de parler au Prophète, faites une » aumône à un pauvre. »

Ce verset a été abrogé par la mort du Prophète.

§ 5

Lorsqu'un texte koranique impose deux obligations avec option, *il est permis de le considérer comme abrogé par un autre texte relatif au même précepte, mais seulement en ce qui concerne celle des deux obligations qui est la plus légère, et l'autre obligation, c'est-à-dire la plus* lourde, *est seule maintenue.*

Exemple :

Un verset, qui est encore dans le Koran, permettait de choisir entre l'observation du jeûne de ramadan ou une aumône à faire à soixante pauvres.

Or, ce verset a été considéré comme abrogé, en ce qui touche l'aumône, par celui-ci : « Lorsque vous verrez la » nouvelle lune du mois de ramadan, commencez le jeûne. »

L'obligation de jeûner pendant un mois est considérée comme plus *lourde* que celle de faire l'aumône.

§ 6

Lorsque deux textes koraniques, sur le même précepte, imposent l'un une obligation plus forte que l'autre, il est permis de considérer comme abrogé celui relatif à la charge la plus lourde, *et de ne considérer comme obligatoire que celui relatif à la charge la plus* légère.

Exemple :

Un verset porte : « Vingt croyants, de ceux qui ont de » la persévérance, doivent, en guerre, vaincre deux cents » mécréants. » Ce qui imposait implicitement à vingt croyants l'obligation de ne pas prendre la fuite devant deux cents mécréants, sous peine d'être punis comme lâches.

Ce verset a été abrogé par le suivant, qui constitue une obligation plus *légère* : « Cent croyants, de ceux qui ont de » la persévérance, doivent vaincre deux cents mécréants. » Ce qui veut dire que cent croyants ne doivent pas prendre la fuite devant deux cents mécréants, sous peine d'être punis comme lâches, mais que quatre-vingt-dix-neuf croyants, qui prendraient la fuite en présence de deux cents mécréants, n'encourraient aucune peine.

§ 7

Deux traditions contraires, relatives à des matières générales, peuvent être maintenues, en leur donnant à chacune un sens particulier.

Exemples :

Une tradition porte : « Le pire des témoins est celui qui » divulgue son témoignage, avant d'être requis de le fournir » en justice. »

Une autre porte : « Le meilleur des témoins est celui qui » divulgue son témoignage, avant d'être requis de le fournir » en justice. »

Voici comment on concilie ces deux traditions :

Dans la première, on suppose que celui qui a besoin du témoignage, *connaît le témoin,* et que ce témoin, en lui divulguant ce qu'il sait, peut l'inciter à faire un procès ;

Dans la seconde, on suppose que le témoin *est ignoré* de celui qui a besoin de son témoignage, et que ce témoin lui fait connaître ce qu'il sait, afin de ne pas avoir le remords de le laisser frustrer par son silence.

§ 8

Une tradition peut abroger un texte koranique.

Il en a été question sous le chapitre VII, section Ire.

§ 9

Deux versets koraniques contradictoires, dont les dates sont inconnues, *peuvent être interprétés l'un par l'autre, sans qu'il y ait lieu à abrogation de l'un d'eux, en soumettant l'un à l'empire de celui qui est le plus conforme à la morale et aux bonnes mœurs.*

Exemples :

D'après un verset : « Les femmes esclaves, possédées
» légalement, peuvent être l'objet d'un commerce charnel
» de la part de leurs maîtres. »

D'après un autre : « Il est défendu à l'homme d'avoir en
» même temps pour femmes les deux sœurs. »

Or, le premier verset s'interprète en ce sens qu'il admet, à titre d'esclaves, les deux sœurs, mais avec défense au maître d'avoir un commerce charnel avec plus de l'une d'elles, parce que la prohibition, dans le mariage, d'avoir en même temps deux sœurs pour épouses l'emporte *pour faire décider* que deux sœurs esclaves ne peuvent être l'objet d'un commerce charnel de la part d'un seul et même maître, mais l'une d'elles seulement, car la morale et les bonnes mœurs exigent que ce qui est applicable dans le mariage le soit à plus forte raison en dehors du mariage.

§ 10

Lorsque deux traditions, relatives au même objet, décident, l'une généralement, l'autre exceptionnellement, chacune régit son cas général ou exceptionnel, sans qu'il y ait lieu à abrogation de l'une d'elles, c'est-à-dire que la loi générale est applicable tant qu'elle n'est pas détruite par la loi exceptionnelle.

Exemple :

Dans les deux livres de traditions, dont l'un a pour auteur *El-Bokrari,* et l'autre *Mouslim,* une tradition rapporte que l'impôt dit *'âchour* se perçoit, sans restriction, sur les récoltes arrosables *par l'eau du ciel ;* et une autre tradition rapporte qu'il n'y a pas d'impôt dit 'âchour sur une récolte inférieure à *cinq aousoq.*

Alors on décide que l'impôt dit 'âchour ne doit pas être perçu sur ce qui est inférieur à cinq *aousoq.*

(D'après Sid–Khalil, l'*ouasq,* pluriel *aousoq,* est un poids de 1,600 *rothl ;* — le rothl est du poids de 628 *dirhem mekki ;* — chaque dirhem est du poids de cinquante grains d'orge et de deux cinquièmes de grain. — Les récoltes qui s'arrosent *artificiellement,* ne paient que la moitié de l'âchour ou du dixième de leur produit, parce que celui qui arrose artificiellement a plus de peine que celui dont la récolte ne reçoit que l'eau du ciel.)

SECTION III

Observation générale

Ce qui a été dit à l'égard de l'abrogation est applicable pour le Koran, de verset à verset, en ce qui touche les Chites.

Pour les Sounnites et les Abadites, qui admettent la tradition comme complément indispensable du Koran, ces règles d'abrogation sont applicables de verset à verset, de tradition à tradition, et *vice versâ.*

CHAPITRE XIV

Des interprètes de la loi

Les interprètes de la loi sont les muftis, les cadis et tous les individus connus sous les noms de *'eúlama* ou *foqaha*, savants en droit.

Les muftis et les cadis sont des *'eúlama* ou *foqaha,* mais ils ont une position officielle qui leur est procurée par le chef de l'Etat, tandis que les individus, qui ne sont que *'eúlama* ou *foqaha,* n'ont que la position que leur procure leur talent ou leur réputation.

Les muftis et, avec eux, les *'eúlama* ou les *foqaha,* n'ont que le droit de donner leur avis sur les questions qui leur sont soumises par les particuliers, dans les contestations judiciaires, ou sur des points de religion. Ils ne sont responsables des erreurs de droit qu'ils peuvent commettre, qu'autant que ces erreurs sont le fruit de la mauvaise foi, et qu'elles ont entraîné le client à commettre une action contraire à la loi.

Les cadis sont ceux qui rendent la justice, et dont les décisions sont obligatoires pour ceux qu'elles concernent. Ils sont libres de prononcer d'après leur opinion personnelle, ou en se fondant sur celle des savants qui ont écrit dans leur secte ou sur celle de leurs contemporains qui passent comme savants également dans leur secte.

Ces interprètes s'appellent *moudjtéhidíne.*

Il y a trois classes de *moudjtéhidíne :*

1° Ceux qui s'exercent sur les principes de la foi : *fi os'oúl eddíne ;*

2° Ceux qui s'exercent sur les branches de la religion : *fi foroù'á eddine ;*

3° Ceux qui ne s'exercent que sur la doctrine dont ils sont partisans : *fi med-he-bi-him,* comme les cadis malékites qui admettent en tous points la doctrine de Malek.

Les premiers sont les plus savants et sont généralement connus sous le nom de muftis. Ils ne s'astreignent à aucune opinion de secte ; ils donnent leur avis tant sur les *os'oúl eddine* que sur les *foroù'á eddine,* et ils n'existent plus que chez les Chites et les Abadites.

Les seconds comprennent les muftis, les cadis et les savants qui appartiennent à la secte sounnite, et qui, sans suivre l'opinion d'un des chefs de cette doctrine plutôt que celle de tel autre, ne s'exercent que sur les *foroù'á eddine,* parce qu'ils admettent aveuglément les grands principes, *os'oúl eddine,* sur lesquels leurs chefs sont d'accord.

Les troisièmes comprennent les muftis, les cadis et les savants qui suivent la doctrine du chef auquel ils appartiennent, comme les Malékites qui admettent la doctrine de Malek. Ces sortes de *moudjtéhidine* n'ont recours à l'interprétation qu'autant que la doctrine de leur chef est silencieuse, obscure ou insuffisante.

Les *moudjtéhidine* s'appellent *moquelledine,* par rapport à ceux qui recourent à leurs lumières et qui s'appellent *moquellidine.*

SECTION Ire

Des moquelledine

Moquelledine, adjectif pluriel passif du verbe *qallada,* signifie : *ceux qui sont consultés, dont on suit la doctrine.*

Ainsi, l'imam Malek est le moquelled de tous les cadis malékites qui admettent aveuglément sa doctrine, de même que les trois autres chefs de la doctrine sounnite sont les moquelledine des cadis qui admettent la doctrine de chacun d'eux.

Chaque moquelled, dans les *foroû'à eddine*, est libre de suivre son opinion personnelle, lorsque sa conscience lui dit qu'il est capable, car les divergences qui peuvent exister à l'égard des foroûa ne constituent ni *schisme*, ni *hérésie;* elles sont toutes légales, pourvu qu'elles ne détruisent pas les grands principes de la foi. Du moment que Dieu, ou Mahomet et ses compagnons, ne se sont pas expliqués clairement ou ont omis de s'expliquer sur certaines parties des foroû'â, il n'est pas permis à un jurisconsulte d'imposer son autorité, parce que, d'une part, c'est Dieu seul qui connaît toute la vérité, et que, d'autre part, le temps, cette mère de l'expérience, en nous conduisant à la perfectibilité et à l'amélioration, nous fait souvent reconnaître des erreurs là où nous avions entrevu des vérités. C'est pourquoi les dissertations des savants sont ordinairement terminées par cette formule : *Ollah a'âlem :* Dieu est le plus instruit.

Par conséquent, il est de principe que, lorsqu'il y a lieu à interprétation sur les foroû'à, chaque jurisconsulte, quelle que soit son opinion, *peut avoir raison.*

Les docteurs l'ont décidé ainsi au sujet de la lutte de Mou'âouiya avec Ali : Celui-ci avait été proclamé kalife à Médine, par les compagnons du Prophète, en remplacement d'Otsmane, mort assassiné. A la nouvelle de cette élection, Mou'âouiya, soupçonnant Ali d'avoir pris part à l'assassinat, se fit proclamer kalife à Damas et se mit en expédition avec les troupes sous ses ordres, dans le but de déposer Ali. Une lutte sanglante eut lieu entre les deux compétiteurs, dans laquelle Ali triompha. Plus tard, les jurisconsultes, traitant la question de savoir lequel de ces deux grands personnages avait encouru une responsabilité devant Dieu, à raison des victimes qu'avait faites la défense de ses prétentions, décidèrent que chacun d'eux, d'après son *idjtihad*, appréciation, pouvait être dans la voie de la justice et de la raison : Ali, élu par les représentants du peuple, se croyait seul légitimement possesseur de la souveraineté ; Mou'âouiya, dans l'idée qu'Ali avait pris part à l'assassinat d'Otsmane, avait à venger la mort de son maître et à faire ratifier son élection par les habitants de Médine.

Il résulte de cet exposé que la doctrine du *libre examen* est admise dans toutes les sectes, lorsqu'il y a lieu à interprétation des *foroû'â*. — Quant aux grands principes *os'oúl*, il y a division : les Sounnites ne reconnaissent que la doctrine de l'autorité ; les Chites et les Abadites admettent, de même qu'à l'égard des *foroû'â*, la doctrine du libre examen.

Toutefois, il ne faudrait pas conclure de ce qui précède qu'un jugement rendu par un cadi, sur une question controversée, ne serait pas exécutoire : en aucun cas, le cours de la justice ne saurait être entravé.

C'est par application de ces principes :

1° Qu'une tradition, rapportée par *Abou-l-M'âali*, porte que celui qui se livre à l'interprétation des foroû'â eddîne et qui *tombe juste*, a droit à deux récompenses de la part de Dieu : l'une pour son travail intellectuel, l'autre pour avoir découvert la vérité ; et que celui qui se livre à la même interprétation et qui *se trompe,* a toujours droit à une récompense de la part de Dieu pour son travail intellectuel :

Mène edj-té-hé-da oua as'âba fe-lahou adj-râni oua mène edj-té-hé-da oua akr-tha-a' fe-lahou adj-roune oua-hi-doune.

2° Que *Sid-Ali-Quessara-el-fasi,* dans son livre intitulé *'Eúlm-el-Mènthaq,* dit : « La connaissance exacte de la » plupart des choses n'appartient qu'à Dieu : lui seul em- » brasse tout. Ce que l'homme peut rechercher dans la » science des droits juridiques et autres, n'est que ce qui lui » paraît conforme à l'accord universel. »

El-ittila'â fi aktser el-a-chi-a' la i'âlimouha illa ollah fa-houa el-moh'ith bi-ha mine djemi'â el-dji-hat oua el-meth-loub fi m'árifati el-h'aqaïq eche-cher'áïya oua r'éï-ri-ha innama houa ma iou-mé-yi-zou-ha mine h'aïtsou el-djemla 'âmma youcharikouha fi b'âdh h'aqa-ï-qi-ha.

3° Que *Ibn-Salamoune,* chapitre *el-qadha,* dit : « La » science du droit et des lois ne consiste pas à posséder » un grand nombre de textes d'auteurs. Cette science est » une lumière que Dieu départit à qui il veut. Et celui qui » se croit fermement en possession de cette science, ajustée » sur ce qui est à conserver en fait de connu, *peut légale-* » *ment interpréter la loi, s'il en est requis :*

Léïsa el-'eúlm elladi houa el-fiqh fiddíne bi-ket-ra-ti erriouayat oua el-h'ifdh oua innama hôua noúr ie-dh'â-hou ollahou h'éïtsou iecha' fa-mène a'â-ta-qa-da fi nèfsihi annahou mimmène te-s'ah lahou el-fet-oua bima a-ta-hou ollahou mine dalik ennoúr el-mourekkeub 'âla el-mah'-foudh el-m'âloúm djaza lahou îne es-tou-fi-ya ane iefti.

Ce qui veut dire que la science des lois doit avoir pour but le maintien des droits des hommes en général et des citoyens en particulier, pour arrêter les entreprises qui pourraient porter atteinte à ces droits, et remédier aux différents événements qui dérangeraient l'économie sociale, sans laquelle le commerce ne pourrait plus exister entre les hommes.

A l'aide de savants musulmans *progressifs,* il est facile de faire en Algérie ce qui a été fait en France pour les israélites, par le grand sanhédrin de 1807, pour établir des rapports d'harmonie entre les institutions mahométanes et les institutions civiles françaises. A cet égard, la loi musulmane est plus large que la loi israélite.

SECTION II

Des moquellidîne

Les moquellidîne (adjectif verbal actif de *qallada*) sont ceux qui demandent des consultations aux savants ou qui suivent aveuglément la doctrine d'un auteur, lorsque la loi est silencieuse, obscure ou insuffisante.

Il y a deux sortes de *moquellidîne* : 1° le vulgaire, qui ignore la science des lois et qui, pour ne pas s'égarer, doit s'adresser aux savants ; 2° les muftis, cadis et autres jurisconsultes qui ne possèdent qu'incomplètement la science des lois et qui, dans la crainte de se tromper, suivent la doctrine d'un auteur ou d'un jurisconsulte de leur secte.

Les premiers (le vulgaire) sont censés ne rien connaître ; aussi, doivent-ils accepter avec soumission, *taqlid,* les avis de leurs docteurs [1]; — les seconds sont censés connaître,

---

(1) Abou-l-M'àali définit ainsi le mot *taqlid* : *Qaboûl qaoul el-qâ-îl bila h'euddja,* l'acceptation, sans objection, du dire du magistrat consultant (ou du jurisconsulte).

mais imparfaitement ; mais alors ils remplissent un double rôle, *actif* et *passif* : *actif*, pour ce qu'ils ne connaissent pas, ce qui les met dans la nécessité de devenir moquellidîne, c'est-à-dire de recourir aux lumières d'autrui ; *passif*, pour ce qu'ils connaissent, ce qui les fait devenir moquelledîne ou magistrats consultants.

Le moquellid, ou celui qui s'adresse aux lumières d'autrui, *est regardé comme n'ayant pas le talent d'interpréter la loi ; car, s'il le possède, il lui est défendu de suivre sans examen la doctrine d'un auteur quelconque :* ce qui prouve encore de plus que l'interprétation de la loi est laissée à l'individualité et, à plus forte raison, au souverain, et que la loi musulmane ne cherche que la lumière et s'allie avec le progrès.

SECTION III

Des cadis malékites à l'époque où les Arabes étaient maîtres de l'Espagne Leur manière d'interpréter la loi

La doctrine de Malek était généralement suivie en Espagne. Sous l'empire de cette doctrine, les cadis savaient concilier les intérêts du vainqueur avec ceux du vaincu. Aussi, ont-ils grandement contribué, sous l'impulsion de leurs souverains, à faire de ce pays le plus riche et le plus civilisé de l'Occident.

Les cadis malékites de l'Espagne étaient tous des *moudj-téhidîne* qui suivaient la doctrine de Malek, sans s'y astreindre complètement, car ils avaient le talent de pouvoir vérifier si leur auteur ne s'était pas lui-même trompé dans son interprétation du Koran et de la tradition. A leur égard, voici quelques passages extraits du livre d'*Ibn-Salamoune*, chapitre *el-qadha* :

« Selon Malek, le cadi (ou le jurisconsulte) applique le Koran dans ses dispositions non abrogées entre elles ou par la tradition.

» S'il ne trouve rien, il décide d'après les traditions dont les préceptes étaient mis en pratique par tous les compagnons du Prophète (parce qu'alors il est certain que ces traditions sont authentiques et non apocryphes).

» S'il ne trouve rien, il se fonde sur ce qui a été pratiqué ou décidé à l'unanimité par les compagnons du Prophète ; et si la question a reçu des jugements différents de la part des compagnons, il se conforme à celui de ces jugements qui était suivi par les *tabi'âïne* ou disciples des compagnons.

» S'il ne trouve rien, il décide d'après ce qui émane directement des *tabi'âïne*.

» S'il ne trouve rien, il décide d'après l'avis unanime des jurisconsultes (qui sont venus après les *tabi'âïne*).

» S'il ne trouve rien, il porte son jugement par analogie, sur ce qui émane de ces jurisconsultes.

» S'il reste du doute dans son esprit, il consulte les personnes probes, éclairées et capables (en tant qu'il se croit inférieur à elles). — Si ces personnes sont en désaccord, il adopte celle de leurs opinions qui lui semble la plus conforme à la justice ; et si cette opinion est elle-même discutée par ces personnes, alors il s'abstient de la suivre, pour ne décider que d'après lui, mais en conciliant sa manière de voir avec ce qui se rapproche le plus de la justice. »

Malgré les indications qui précèdent, *les seules sources de droit,* strictement obligatoires pour le magistrat, sont dans l'ordre suivant : 1° le Koran ; 2° la tradition ; 5° les décisions des compagnons du Prophète. Malek ne parle nullement de l'usage et de la coutume comme ayant force de loi, ce qui démontre que le juge n'est pas tenu de les appliquer. (Voir chap. XII, section Ire.)

Lorsque ces trois sources sont silencieuses, obscures ou insuffisantes, le juge est maître de son interprétation ainsi que le prouvent les passages que nous avons cités sous la section Ire de ce chapitre, et les suivants d'*Ibn–Salamoune :*

« On prétend que le cadi ne peut juger que d'après son opinion personnelle : *Oua qîla la iedjouz lahou ann iah'-kou-ma illa bidj-ti-há-di-hi.*

» Le cadi peut décider d'après son opinion personnelle, abstraction de celle des savants, s'il se croit leur égal ; il ne le peut, s'il se considère comme inférieur à eux : *Oua lahou ann iah'-kou-ma bi-qaou-li-hi dounahoum ine kâna mits-lahoum oua lëïsa lahou dalika ine qas'ara 'ânn-houm.* »

Les souverains d'alors, en Espagne et ailleurs, qui, en général, étaient des jurisconsultes distingués, ont eu le génie de voir que la loi, dans sa pureté originelle, non–seulement était insuffisante, mais ne pouvait s'allier avec les intérêts nouveaux qui débordaient de toutes parts. Ils ont alors procédé à l'exemple des compagnons du Prophète, en interprétant la loi d'après la marche du siècle, sans contrarier les dogmes de la religion, ce qui est toujours facile.

Ainsi, *'Omar-ibn-Abd-el-'âziz,* célèbre souverain et juris-consulte, écrivait aux cadis de son empire (et ceci est une anecdote authentique connue de tous les jurisconsultes

actuels) : « *Ta-h'ad-da-tsou ennas aq-dhi-yane bi-h'a-sab ma*
» *h'adatsa 'âïne-da-houm mi-nèl fodjour.* Apportez dans
» vos décisions les innovations que réclame la perversité
» des mœurs actuelles. »

En employant le mot *fodjour, impiété, perversité,* ce
souverain voulait faire voir aux cadis, qui étaient trop susceptibles dans leurs idées religieuses, qu'il déplorait une
perversité que lui, en secret, considérait comme un *progrès,*
mais qu'il fallait bien se conformer aux temps.

Suivant tel lieu, où tel genre d'intérêt dominait, les cadis
malékites de l'Espagne adoptaient une jurisprudence spé-
ciale, souvent en désaccord avec la doctrine de leur auteur,
mais qui tendait, *sous l'empire d'une seule et même loi,* à
faire prospérer ce qui pour le pays était une source de
richesses. Le cadi *Abou-Bekr-ibn-Mohammed-el-r'ornathi,* de
Grenade, où il est mort en 829 de l'hégire, auteur d'un livre
de jurisprudence renommé, y mentionne, sous le chapitre
bab-eddhemane, quatorze questions relatives aux foroû'à
eddîne, pour la solution desquelles les cadis de l'Andalousie
avaient adopté une jurisprudence particulière qui était en
divergence avec la doctrine d'*Ibn-el-qasem,* un des disciples
les plus célèbres de Malek, et six autres questions, toujours
relatives aux foroû'à eddîne, pour la solution desquelles ils
avaient également adopté une jurisprudence qui était en
désaccord formel avec la doctrine de l'imam Malek.

SECTION IV

Souverains et cadis de ces temps modernes.
Leur manière d'interpréter la loi

Sid-Ali-Eddasouli-el-fasi, de Fez, commentateur du livre de *Ben-'Aas'om,* rapporte que les cadis de Fez suivent la jurisprudence des cadis de l'Andalousie.

Le cadi actuel de Mascara, *Sid-Dahou-bel-Bedoui,* homme d'un savoir notoire, rapporte que les cadis de Fez, dans les demandes qui ne sont pas prouvées par écrit, exigent jusqu'à huit ou dix témoins, *quoique le Koran n'en exige que deux,* parce qu'ils savent par expérience qu'aujourd'hui les hommes se laissent facilement corrompre. Cela prouve que, si les jurisconsultes musulmans peuvent déroger aux prescriptions formelles du Koran, le souverain d'un pays peut, à plus forte raison, y déroger, pour prendre des mesures d'assimilation et de civilisation qui ne contrarient pas ouvertement la loi et qui laissent libres la croyance et le culte.

Le même cadi rapporte que, peu de temps avant l'arrivée des Français en Algérie, on se livrait depuis un temps immémorial, à Ouchda (Maroc), à des transactions qui déguisaient des prêts à intérêt. On sait que le prêt à intérêt, *riba,* est formellement défendu par le Koran ; mais cette ville ne devait sa prospérité qu'à ces sortes de contrats. Or, un nouveau cadi, du genre de ceux qui ne connaissent que la lettre de la loi, fut nommé à Ouchda. Il signala son début dans la magistrature en annulant rigoureusement toutes ces transactions, ce qui tua le crédit et causa une crise générale. L'empereur du Maroc, informé du fait, réunit en conseil les principaux jurisconsultes de son empire, qui décidèrent unanimement qu'entre deux maux, celui résultant du prêt à intérêt et celui résultant du défaut de crédit, il fallait opter pour le moindre ; que, par conséquent, les transactions en question continueraient à avoir lieu comme par le passé et seraient validées par les tribunaux, parce que l'intérêt général, qui doit être la préoccupation du souverain, réclamait cette mesure, et que l'infraction à la loi sur le prêt à intérêt serait considérée comme une infraction à la loi morale qui nous prescrit des devoirs envers nos semblables, sans que ces devoirs puissent nous être imposés au nom de la société.

Les supplices établis par le Koran, et qu'il n'est pas permis aux magistrats de changer ni de restreindre, ont presque tous été abolis, au moyen de la science interprétative.

Les souverains de Turquie et d'Égypte ont été les promoteurs de mesures en opposition formelle avec le Koran, tendantes à une assimilation civilisatrice de tous leurs divers sujets.

SECTION V

Opinion du Prophète sur les magistrats, rapportée par Ibn-Salamoune, chapitre el-qadha

« Les magistrats, a dit le Prophète, forment trois catégories : deux sont destinées à l'enfer ; une seule est destinée au paradis.

» Les magistrats destinés au paradis sont ceux qui connaissent la justice et y conforment leurs décisions.

» Les magistrats destinés à l'enfer sont ceux qui, connaissant la justice, sont iniques, *et ceux dont les décisions sont basées sur l'ignorance.* »

Le mot *ignorance* s'applique ici aux magistrats qui ne possèdent que la lettre de la loi et auxquels on peut dire : Ce n'est pas savoir la loi que d'en connaître les termes ; il faut en saisir l'esprit et l'étendue.

SECTION VI

Le souverain doit avoir le talent d'interpréter la loi d'une manière obligatoire pour tous ses sujets

Le souverain, dit Ibn-Salamoune, « est chargé de veiller à l'observation des lois et à la conservation de la religion.

» Il doit être moudjtéhid, c'est-à-dire avoir le talent de suppléer au silence, à l'insuffisance et à l'obscurité de la loi, *sans être obligé de recourir aux lumières d'autrui.*

» Il doit posséder *el-kifaya*, la capacité, c'est-à-dire avoir le jugement droit, de manière à pouvoir envisager par lui-même toutes les mesures qu'il convient de prendre dans l'intérêt des musulmans, pour *l'amélioration* et le maintien de leur état social. »

CHAPITRE XV

1° De l'ère ; 2° du jour et de sa division ; 3° de la supputation des délais ; 4° des jours fériés

L'ère musulmane date de l'hégire ou fuite de Mahomet de la Mecque à Médine, qui eut lieu, suivant l'opinion commune, le 15 juillet 622 de J.-C. Les années arabes, déterminées par les révolutions de la lune, n'ont que 354 jours. (*Chresto-mathie* de M. Bresnier, p. 8.)

Les mois sont alternativement de 29 et de 30 jours.

Le jour est *naturel* ou *civil*.

Le *jour naturel*, ou l'espace de temps compris entre le lever et le coucher du soleil, est appelé par les Arabes *nahre*, par opposition à la nuit qu'ils appellent *lil*.

Le *jour civil*, ou l'espace de vingt-quatre heures, est appelé *youme*; il commence au soir, au coucher du soleil, et finit à l'autre soir. Ainsi, *lilt-el-kremis, nuit de jeudi,* est pour nous la nuit du mercredi au jeudi. Dans le langage juridique, le mot *youme* s'entend du jour civil.

Pour les Arabes et leurs jurisconsultes, le jour civil est divisé en cinq parties, à chacune desquelles une prière est obligatoire pour tout musulman :

1° *El-mar'reb;* 2° *el-eúcha;* 3° *es's'ebah';* 4° *eddhohre;* 5° *el-'âs'r* ou, vulgairement, *el-'âsor*.

El-mar'reb commence à la disparition du disque du soleil, lorsqu'il jette ses dernières lueurs.

El-'eúcha commence au moment de la disparition complète des dernières lueurs du soleil.

Es's'ebah' commence à l'apparition de l'aurore.

Eddhohre commence au moment où le soleil, parvenu à sa plus grande hauteur, commence sa marche descendante.

El-'âs'r commence au moment où l'ombre projetée d'un corps, exposé vis-à-vis du soleil lorsqu'il vient de commencer sa marche descendante, a atteint la longueur de ce corps.

Le jour auquel un délai commence, *a quo,* est ordinaire-

ment compris dans ce délai, quand même il n'en resterait
plus qu'un clin d'œil, *lahdha*.

Le jour auquel finit un délai, *ad quem*, est ordinairement
compris dans ce délai.

Le vendredi est pour les musulmans ce que le dimanche
est pour les chrétiens et le samedi pour les israélites.
Pendant ce jour, qui est férié, il est défendu aux magistrats
d'exercer et aux particuliers de contracter, à titre onéreux
(et non à titre gratuit, parce que les contrats à titre gratuit
sont considérés comme des œuvres pies), mais seulement à
partir du second appel à la prière du *dhohre* jusqu'à ce qu'elle
soit terminée. Toutefois, cette défense, qui est l'objet de
controverses, n'est que comminatoire [1], ainsi qu'on va le
voir, et ne concerne que ceux qui habitent une localité
renfermant une *djami'â*, mosquée où la prière en commun
est obligatoire le vendredi.

Sid-Khalil, sous la section *Charth-el-djoumou'âa*, dit :

« Sont nuls, lorsqu'ils ont été passés, à partir du second
appel à la prière solennelle du vendredi (jusqu'à la termi-
naison de cette prière), les contrats de vente, de location, de
rétrocession, d'association, de résolution et d'exercice de
droit de retrait.

» Ces contrats, s'ils ont été consommés, ne donnent lieu
qu'à une action en paiement d'un prix (nouveau à fixer
d'après estimation, comme dans le cas d'une vente entachée
de nullité). »

---

(1) M. PERRON, dans sa traduction de Sid-Khalil, t. 1, p. 264, dit que les
contrats (à titre onéreux), ainsi passés le vendredi, *sont des actes coupables*. Je
n'ai vu cela ni dans le texte de Sid-Khalil, ni dans le commentaire de Sid-el-
Krarchi.

Sur ce texte, Sid-el-Krarchi dit et a voulu dire :

« Les actes ainsi passés sont nuls ; les choses qui en
» étaient l'objet sont remises dans le même état qu'aupara-
» vant. En conséquence, le vendeur reprend sa chose des
» mains de l'acheteur, si elle est encore entière, c'est-à-dire
» si elle n'a été ni détruite, ni consommée, et n'a pas passé
» en mains tierces, et il en restitue le prix, comme il va être
» expliqué. Mais si la chose n'est plus entière, c'est-à-dire
» ne peut plus être reprise par le vendeur, alors, le prix,
» qu'il ait été payé ou non, est de nouveau fixé à l'avantage
» ou au détriment du vendeur, d'après la valeur de cette
» chose au moment de *sa livraison* et non au moment du
» contrat. Voilà l'opinion la plus accréditée.

» Mais des jurisconsultes prétendent que les contrats ainsi
» passés sont valables et doivent être exécutés, *oua qila*
» *yemdhi el-'áqdou;* d'autres prétendent également que ces
» contrats sont valables, mais avec cette restriction que le
» prix y stipulé n'est obligatoire pour aucune des parties et
» doit être l'objet d'une nouvelle estimation, *oua qila bil-*
» *qima,* d'après la valeur qu'avait la chose au moment du
» contrat et non au moment de la livraison. »

El-Mah'alli, commentateur *d'Abou-l-M'âali,* est pour le
maintien de ces actes, sans restriction : « *Kil-bi'â ouaqt nida*
el-djoumou'âa lem iedell 'âla el-fesâd.

Ce qui a été dit pour le vendredi est applicable aux actes
passés les autres jours de fêtes légales.

CHAPITRE XVI

Résumé du Livre premier

Je crois avoir exposé, aussi clairement qu'il m'a été possible, d'après les sources arabes, le droit musulman sous son véritable jour.

La religion musulmane, pratiquée sous l'empire de la loi du Koran, règle non-seulement les devoirs de l'homme envers Dieu, mais encore les droits et les devoirs de l'homme en société : la loi est divine, et la religion constitue un droit divin, civil ou positif.

La doctrine établit une distinction importante :

S'agit-il des dogmes fondamentaux, *os'oúl eddine*, ils doivent être admis avec soumission, *islâm*, et avec conviction, *imâne*.

Mais s'agit-il des *foroû'â eddine, ou de ce qui, dans son ensemble, constitue un culte sacré*, c'est-à-dire, tant de l'hommage direct dû à Dieu que des droits et devoirs sociaux, il est admis par les auteurs de chaque secte que, du moment où cet hommage, ces droits et ces devoirs ne sont pas clairement exprimés et réglés dans le Koran, la tradition ou les décisions des compagnons du Prophète, ils peuvent, sans qu'il y ait schisme ou hérésie, être interprétés et réglés diversement par chaque *moudjtéhid,* quelle que soit la doctrine des auteurs à cet égard.

Par conséquent, le souverain, qu'il soit chrétien ou musulman, est dans l'esprit du Koran, ou dans la légalité, lorsque, en dehors des dogmes, il dit, par exemple, à ses sujets musulmans :

« Je décide que vous n'épouserez qu'une femme ; que la plus grande durée de la gestation sera de dix mois, parce que les préceptes du Koran, de la tradition et des décisions unanimes des compagnons, à l'égard du nombre de femmes que l'on peut épouser et de la durée de la gestation, ne sont pas clairement exprimés et réglés ; qu'ils sont l'objet de controverses [1] et qu'ils rentrent dès lors dans le domaine de la science interprétative, *qui est de tous les temps*. Je vous impose ces nouvelles mesures dans votre intérêt général, qui doit être la préoccupation du souverain, parce qu'elles tendent, en outre, à votre union avec mes sujets non musulmans ; qu'elles ne sont pas contraires à vos dogmes, ni à vos textes sacrés précis et décisifs, et que votre Prophète a dit qu'alors même *que je me tromperais* dans mon appréciation, j'aurais toujours droit à une récompense de la part de Dieu. »

Les fanatiques, les intrigants, les hypocrites et les intéressés crieront en vain à l'hérésie, à la contrainte. On leur opposera les innovations flagrantes apportées par la doctrine à certaines prescriptions koraniques. Le vulgaire, du moment qu'il trouvera dans ces mesures son intérêt et sa prospérité, non-seulement sera calme, mais aura le bon sens de repousser les agitateurs qui viendraient troubler son repos.

De cette manière, nous n'irons plus aux musulmans, ce sont eux qui viendront à nous.

---

(1) Je démontrerai dans le Livre II que les textes et la doctrine sont plutôt pour que contre la monogamie et la gestation de dix mois. Je démontrerai également que la plupart de nos institutions relatives aux contrats peuvent être appliquée aux musulmans, sans toucher à la croyance.

Nous resterons dans les termes de la capitulation de 1830, sans que le magistrat français soit obligé d'accepter l'avis des jurisconsultes musulmans, qui admettent, par exemple, une gestation de deux, quatre, cinq, six et même sept ans, ce qui est contraire aux données positives de la science et à l'esprit des décisions des compagnons du Prophète [1], car il aura pour lui le bénéfice de l'article 323 du Code de procédure, qui lui permet de ne pas suivre l'avis des experts, si sa conviction *(civile)* s'y oppose.

Nous avons vu effectivement, chapitre XII, § 4, que l'accord unanime des compagnons du Prophète ne peut avoir aucune influence sur ce qui est étranger au genre judiciaire, parce que chaque science exige des connaissances spéciales. D'où l'on doit conclure que si la science médicale n'admet qu'une gestation de dix mois, les jurisconsultes ne peuvent décider le contraire. Au sujet de la gestation de cinq ans, *Sid-el-Krarchi* cite cette exclamation du jurisconsulte *Abd-el-h'aqq*, qui, s'adressant aux partisans de la gestation de cinq ans, leur dit : « (Mais vous avez l'air de tenir à ce délai) *comme s'il avait été fixé par Dieu et son Prophète! Ka-anna el-krams sinine fardh mine ollahi oua rasoulihi.* » C'est ce passage que M. Perron, t. 3, p. 71, a traduit ainsi : « Bien qu'il soit donné (ce » délai) comme le terme indiqué par Dieu. » — Si ce terme avait été fixé par Dieu, il n'aurait pu être l'objet d'aucune controverse. L'exclamation d'*Abd-el-h'aqq* prouve que les jurisconsultes ne sont pas d'accord sur la durée de la gestation, et que celui qui, d'après son *idjtihad*, appréciation, la fixerait à dix mois, serait dans la légalité, aussi bien que ceux qui sont les partisans d'une plus grande durée. Or, en pareil cas, le souverain d'un pays peut faire cesser les divergences en rendant obligatoire l'opinion qui lui semble la plus raisonnable.

CONCLUSION

—

Gloire à Dieu dans les cieux, et paix sur la terre aux hommes de bonne volonté !

FIN DU LIVRE PREMIER

LIVRE DEUXIÈME

—

VARIÉTÉS SUR LE DROIT MUSULMAN

CHAPITRE PREMIER

Polygamie, Monogamie

Avant la fondation de la religion de Mahomet, les Arabes observaient le paganisme. Ils pouvaient épouser autant de femmes qu'ils voulaient, et les répudier à volonté, sans rien leur donner.

Imbu des idées chrétiennes, Mahomet a voulu saper la polygamie en tolérant, d'abord, jusqu'à quatre le nombre de femmes qu'un homme peut épouser, puis, en recommandant impérativement à l'homme de n'en avoir qu'une, s'il craint de ne pas être équitable envers quatre. (Verset 3, chap. 4 du Koran.)

Pour bien apprécier le but de Mahomet, exprimé dans le verset précité, ou plutôt le but de Dieu dont Mahomet n'était que l'organe, d'après la croyance, nous allons analyser ce verset à l'aide du commentaire d'*Ibn-el-Krazine*. Ce commentaire est en grande estime chez les Malékites, ainsi que le fait remarquer M. le général Daumas dans son excellent livre : *Mœurs et coutumes de l'Algérie,* p. 210.

Traduit littéralement, ce verset est loin de donner une idée satisfaisante des motifs qui en ont amené la publication. Nous le diviserons par paragraphes, dans sa partie relative au mariage, en suivant mot à mot la traduction de M. Kasimirski.

§ 1er

« *Si vous craignez d'être injustes envers les orphelins,*
» *n'épousez parmi les femmes qui vous plaisent que deux,*
» *trois ou quatre.* » (Traduction de M. KASIMIRSKI.)

Sur ce passage, Ibn-el-Krazine dit en substance :

PREMIÈRE EXPLICATION

« D'après 'Aroua, qui avait consulté 'Aïcha, Dieu a voulu
» empêcher que les *orphelines,* placées sous la tutelle de leurs
» pères et recherchées en mariage à cause de leur beauté et
» de leur fortune, ne fussent accordées moyennant des dons
» nuptiaux inférieurs à ceux qu'elles méritent, et cela par
» suite de connivence entre les tuteurs et les prétendants.
» C'est pour déjouer de pareils concerts, que les hommes
» ont reçu de Dieu l'ordre de choisir d'autres femmes moins
» belles et moins riches, auxquelles conviennent les dons
» qu'ils veulent offrir, à moins que celui qui recherche de
» ces sortes d'orphelines ne soit équitable au point de par-
» faire le juste prix du don[1] revenant à chacune d'elles [2]. »

---

(1) En droit français, la dot est le bien que la femme apporte au mari pour supporter les charges du mariage. En droit musulman, la femme n'apporte pas de dot : c'est le mari qui doit lui faire un don pour elle seule, à peine de nullité du mariage.

(2) Je traduis la pensée plutôt que la lettre, car la *littéralité,* ici comme dans

D'après cette explication, le § 1er du verset peut se traduire ainsi :

Si vous craignez d'être injustes envers les orphelines, en ce sens, qu'aspirant à devenir leurs époux, vous ne leur faites pas ou ne pouvez leur faire des dons nuptiaux en rapport avec leur beauté et leur fortune, recherchez d'autres femmes, moins belles et moins riches, auxquelles vous croirez faire des dons convenables.

DEUXIÈME EXPLICATION

« El-H'asène rapporte qu'à Médine, des tuteurs avaient
» comme pupilles des parentes qu'il leur était permis
» d'épouser, et que ces filles, qui ne leur plaisaient nulle-
» ment, n'étaient par eux demandées en mariage que pour
» la fortune qu'elles avaient ; c'est-à-dire que ces tuteurs
» possédaient des héritages indivis avec elles ; que leur but
» était de repousser l'immixtion dans ces héritages d'autres
» parents qui auraient épousé ces filles, et qui, en leur
» qualité de maris-administrateurs, auraient exigé des
» tuteurs des redditions de comptes. Devenus les époux
» de leurs pupilles, ces tuteurs les maltraitaient et atten-
» daient que la mort les en débarrassât pour hériter de
» leurs biens. C'est pour flétrir et empêcher à l'avenir une
» pareille conduite que Dieu a envoyé le verset. »

D'après cette deuxième explication, le § 1er du verset peut se traduire ainsi :

---

les passages que je citerai, est loin d'offrir un sens satisfaisant. Les jurisconsultes arabes, dans leurs ouvrages, sous-entendent beaucoup d'explications qui sont censées connues du lecteur, et la traduction littérale d'un livre de droit musulman sera toujours insuffisante pour un Européen.

Si vous craignez d'être injustes envers vos pupilles, qui ne vous plaisent point, mais dont la fortune seule vous tente, épousez d'autres femmes qui vous plaisent, quand même elles ne posséderaient aucun bien.

TROISIÈME ET DERNIÈRE EXPLICATION

« 'Akrima rapporte, d'après Ibn-Abbas, que, parmi les
» hommes de Qoréïche, il y en avait qui épousaient dix
» femmes et plus, et qui, réduits à la pauvreté par suite des
» charges que leur imposait un pareil nombre de femmes,
» étaient amenés à dissiper les biens de leurs pupilles.
» C'est pour remédier à ces deux maux : *la pauvreté des*
» *maris et la dissipation des biens de leurs pupilles,* que,
» par le dit verset, il est enjoint aux hommes de ne pas
» épouser plus de quatre femmes, et qu'il leur a été recom-
» mandé, par le verset 2, de restituer aux orphelins, devenus
» majeurs, leurs biens. Le sens de la première partie du
» verset 3 est donc : De même que vous devez craindre
» d'être injustes envers vos pupilles, en dissipant leur
» fortune, de même vous devez craindre de ne pas être
» équitables envers vos femmes ; et afin que vous n'ayiez
» pas ce sujet de crainte à l'égard de ces dernières, n'en
» épousez pas plus que vous n'en pouvez nourrir et entre-
» tenir, car les femmes dans la pauvreté sont comme des
» orphelins qui sont lésés. Voilà l'explication que donnent
» Sâid-ben-Djoubir, Qoutada, Edh-dha-h'ak et Esseddi. C'est
» par ces motifs que Dieu a limité à quatre le nombre des
» épouses, en disant aux hommes : *Ce qu'il vous est permis*
» *d'épouser parmi les femmes (au delà d'une), c'est-à-dire, ou*
» *deux, ou trois, ou quatre,* et qu'il a laissé à chaque homme,
» d'après sa conscience et ses moyens, le soin de choisir

» lequel de ces nombres lui convient. Mais il faut bien
» remarquer que ces nombres, indiqués par Dieu, sont
» limitatifs et non indicatifs ; que les compagnons du Pro-
» phète ont été de cet avis que l'homme ne peut épouser
» plus de quatre femmes ; que la faculté d'en prendre un
» plus grand nombre était un privilége affecté spécialement
» au Prophète, et que, pour toute autre personne que lui,
» un nombre supérieur à quatre, non-seulement n'est pas
» toléré, mais est formellement prohibé, d'après : 1° cette
» tradition rapportée par Abou-Daoud et concernant El-
» H'arits-ibn-Qis-ibn-el-H'arits : Je me suis converti à l'isla-
» misme, a dit H'arits, ayant huit femmes. Le Prophète,
» à qui je racontai le fait, me répondit d'en garder quatre
» (et de renvoyer les autres) ; 2° cette autre tradition, rap-
» portée par Ibn-Omar : Le nommé R'ilane et ses dix
» femmes avaient embrassé ensemble l'islamisme. Le
» Prophète lui ordonna d'en choisir quatre (et de renvoyer
» les autres). »

D'après cette dernière explication, le § 1er du verset peut
se traduire ainsi :

Si vous craignez d'être injustes à l'égard des femmes, n'en
épousez pas plus que le nombre indiqué par Dieu, car les grandes
charges de ménage vous feront tomber dans la pauvreté et vous
porteront non-seulement à léser vos femmes, dans les soins que
vous leur devez, mais encore vos pupilles dans leurs biens.

A l'époque de la publication du verset, il y avait un grand
nombre d'Arabes, récemment convertis à l'islamisme, qui
possédaient plus de quatre femmes. C'est pourquoi le
Prophète, dans son idée de faire arriver à la monogamie, ne

manquait jamais l'occasion de dire, surtout à ceux qui étaient dans la gêne ou la pauvreté : *Si vous voulez être heureux dans l'intérieur de vos familles, conformez-vous à la loi de Dieu, en ne gardant que le nombre de femmes admis.*

§ 2

« *Si vous craignez encore d'être injustes, n'en épousez* » *qu'une.* » (Trad. de M. KASIMIRSKI.)

Sur ce passage, Ibn-el-Krazine dit :

« *Si vous craignez,* c'est-à-dire *si vous redoutez.* On » prétend que le sens est aussi : *si vous savez.*

» *D'être injustes,* c'est-à-dire *envers les quatre épouses* » (en favorisant l'une au préjudice des autres, ou en n'ayant » pas pour toutes les soins exigés [1].)

» *Une,* c'est-à-dire : alors, n'épousez qu'une femme. »

D'après cette explication, le passage du verset peut se traduire ainsi :

Si vous craignez de ne pas être équitables envers plusieurs femmes, depuis deux jusqu'à quatre, soit parce que vous favoriseriez l'une au préjudice de l'autre ou des autres, soit parce que vous ne pourriez donner à chacune d'elles les soins qu'elle réclame, n'en épousez qu'une.

_____

(1) Ibn-el-Krazine, que je traduis ici littéralement, ne veut pas dire que la crainte chez l'homme d'être injuste n'existe qu'à l'égard de quatre femmes. Il a indiqué seulement le chiffre maximum, en voulant dire : envers deux, ou trois, ou quatre. En résumé, le passage s'applique à l'homme qui serait tenté d'épouser plus d'une femme.

§ 3

« *Ou une esclave.* » (Trad. de M. Kasimirski.)

Ibn-el-Krazine dit :

« Ce passage du verset : *Aou ma malakel a-ï-ma-nou-*
» *koum,* signifie : Ou bien ce que vous possédez en fait de
» femmes esclaves, parce qu'à leur égard les devoirs de
» l'homme ne sont pas aussi rigoureux qu'à l'égard des
» femmes mariées, et que, d'un autre côté, il n'est pas tenu
» de traiter les concubines sur un pied d'égalité. »

D'après cette explication, le passage du verset peut se
traduire ainsi :

Ou bien, si le mariage est pour vous une trop lourde chaîne,
contentez-vous de la possession d'esclaves (une ou plusieurs, n'im-
porte le nombre, selon vos moyens), à titre de concubines [1].

Il résulte de ce qui précède que la polygamie est une
tolérance, et la monogamie une prescription.

Le musulman a évidemment la faculté d'épouser jusqu'à
quatre femmes à la fois, mais cette faculté peut être légalement restreinte par la doctrine ou par le souverain.

La monogamie est tellement dans l'esprit du Koran, que
les jurisconsultes *reconnaissent à la femme* le droit de
l'imposer à l'homme, quoique ce dernier ait la *faculté* de
prendre quatre épouses.

---

[1] D'après M. Kasimirski, le sens serait : ou n'épousez qu'une esclave. C'est là
une erreur.

Ainsi, d'après Ibn-Salamoune, la femme, en se mariant, peut prescrire à l'homme :

De ne pas lui donner une rivale ;

De ne pas prendre une concubine ;

De cesser toutes relations avec l'esclave qu'il a rendue mère,

Et d'établir, en cas d'infraction :

Qu'elle deviendra maîtresse de sa personne, au moyen d'une répudiation définitive ;

Ou que la nouvelle épouse qu'il prendra sera répudiée définitivement, de plein droit, par le seul fait du mariage ;

Ou bien que l'esclave concubine qu'il prendra demeurera au pouvoir de la femme, qui aura le droit ou de la vendre ou de l'affranchir ;

Ou bien que l'esclave qu'il a rendue mère, avant son mariage, demeurera entièrement libre, s'il continue ses relations avec elle [1].

On peut objecter que Mahomet n'a pas donné l'exemple, puisqu'il a eu plus de quatre femmes ; mais il a répondu que, pour lui, un nombre de femmes supérieur à quatre était un privilége que Dieu lui avait accordé : il était naturel

---

[1] Qu'il me soit permis de citer surabondamment, en faveur de la monogamie, une anecdote qui m'a été rapportée par le cadi actuel de Mascara, Sid-Dahou-bel-Bedoui, comme la tenant de la bouche de plusieurs savants : L'imam Malek, interrogé par le roi Haroune-Errachid, sur le nombre de femmes qu'un musulman peut épouser, lui répondit : *Quatre*. Alors, le roi, se tournant du côté de son épouse, qui était cachée derrière un rideau du salon où se trouvaient ces personnages, lui dit : Tu entends. L'imam Malek se reprit aussitôt en disant : *Une*. Invité par le roi à s'expliquer, Malek lui dit : Majesté, d'après l'interpellation que vous venez d'adresser à votre auguste épouse, j'ai compris que vous ne seriez pas équitable envers elle ; c'est pourquoi, d'après mon appréciation, je décide que vous ne pouvez lui donner une rivale.

que Mahomet, dans l'intérêt de son œuvre, cherchât à avoir des enfants mâles pour lui succéder. On sait qu'il a perdu ses garçons en bas âge.

~~~~~~~~~~~~

CHAPITRE II

De l' « âdda », de l' « istibra », de la durée de la gestation

Sources arabes malékites

IBN-SALAMOUNE, SID-KHALIL, SID-KRARCHI

SECTION Ire

Aperçu général de l'âdda et de l'istibra

—

§ 1er. — De l'âdda comparé avec l'istibra

Adda, littéralement : *nombre fixé,* indique le temps de continence imposé par la loi à l'épouse, libre ou esclave, ensuite de dissolution révocable ou irrévocable [1] du mariage, afin d'empêcher la confusion de part : *confusionem partus.*

---

(1) *Dissolution révocable.* Provenant d'une répudiation, sous la condition potestative, de la part du mari, de renouer son alliance, dans le délai de l'âdda, sans qu'il soit besoin d'un nouveau contrat.

Dissolution irrévocable. Provenant d'une répudiation qui détruit à jamais les liens du mariage et qui ne permet plus aux époux de se réunir que par un nouveau contrat.

La dissolution du mariage a lieu :

1° Après la répudiation volontaire de la femme par le mari ;

2° Après la répudiation judiciaire prononcée au profit de l'un ou l'autre des époux [1] ;

3° Après le divorce par consentement mutuel ;

4° Après le décès du mari, du vivant de la femme [2].

Adda implique *istibra* ou continence, mais *istibra* n'implique pas *ádda*, ainsi que je le démontrerai par la suite. Tous les deux ont pour but *ba-ra-he-tou errah'm, l'acquit ou la décharge de l'utérus,* c'est-à-dire de savoir s'il est libre ou non.

Ces mots ne sont *connexes* qu'à la suite de dissolution de mariage *valablement* contracté, et ne sont employés, l'un ou l'autre, avec l'idée de connexion, par les jurisconsultes, que pour indiquer qu'il y a eu relations charnelles licites entre un homme et une femme qui étaient légalement unis ; de sorte qu'on peut appeler l'àdda, *ádda-istibra ;* — tandis que le mot *istibra,* employé seul, sans idée de connexion

---

(1) En droit musulman, la répudiation tombe toujours sur la femme. On dit : *Un tel a répudié sa femme,* mais on ne dit pas : *Une telle a répudié son mari.* L'expression juridique est celle-ci : *Une telle a répudié sa personne de la compagnie de son mari.* L'homme est trop supérieur à la femme pour qu'il soit répudié par elle.

La répudiation, a dit le Prophète, est une des choses que Dieu à le plus en horreur. (Sid-Krarchi, sous ces mots : *thelaq essouna,* du texte de Sid-Khalil.) Ce qui prouve que Mahomet n'était pas plus partisan de la répudiation ou du divorce que de la polygamie.

(2) Le décès de la femme, du vivant du mari, dissout également le mariage. Mais il faut remarquer que nous ne raisonnnons ici que dans le cas d'existence de la femme au point de vue de l'àdda.

avec l'âdda, peut être appliqué à la femme dont le mariage n'est pas dissout, parce qu'alors il signifie qu'une femme, mariée ou non, a eu un commerce illicite, ou qu'une esclave a vécu en concubinage avec son maître.

Le but de l'âdda étant de s'assurer si la femme est ou n'est pas enceinte, il s'ensuit que, pendant ce délai de continence, la femme ne peut se remarier ; il s'ensuit également que si, dans le cours de ce délai *seulement,* une grossesse est constatée chez la femme, la présomption légale veut qu'elle soit attribuée au mari : *Pater is est quem nuptiæ demonstrant.*

Le délai de l'âdda court à partir du moment de la répudiation, ou du divorce, ou du décès du mari. Cependant, quelques auteurs prétendent que le jour *a quo* n'est pas compris dans ce délai.

§ 2. — De l'istibra

L'istibra, action de s'abstenir de la copulation, a le même but que l'âdda ; mais, lorsqu'il est détaché de l'âdda, il indique le délai de continence imposé à la femme esclave, par suite de concubinage licite ; ou à la femme libre ou esclave, mariée ou non mariée, par suite de relations illicites, ayant un caractère de criminalité, *zina,* ou n'ayant pas ce caractère, comme : 1° dans le cas de viol, *r'as'b ;* 2° dans le cas d'erreur de similitude, *chobouha,* lorsque la femme a cru avoir affaire avec son mari, ou la femme esclave avec son maître.

Ce délai est également imposé à la femme dont le mariage a été annulé juridiquement, parce que l'annulation a pour résultat de faire considérer les relations de cette femme, comme ayant eu lieu sans mariage, et, dès lors, comme ayant un caractère illicite, mais non criminel, si la femme se croyait valablement mariée [1].

L'istibra, *sans idée de liaison avec l'ádda,* n'a lieu, dans le *cours* du mariage, qu'à la suite de l'aveu spontané, par la femme, de son commerce illicite, ou à la suite d'accusation d'adultère, *li'âne,* portée contre elle par son mari. Le premier cas est très-rare, mais lorsqu'il se présente et que, pendant le cours de l'istibra, une grossesse est constatée chez la femme, et que la conception paraît contemporaine du crime de la femme, cette grossesse ne peut être attribuée au mari, alors même que le complice n'est point connu. L'enfant est donc considéré comme adultérin, contrairement au droit français, sous l'empire duquel le mari, dans ce cas, serait réputé le père de l'enfant. — Dans le second cas, il faut distinguer : si, l'accusation étant établie, la femme devient enceinte, et que la conception paraisse être contemporaine du crime commis par la femme, l'enfant est réputé adultérin ; si, au contraire, l'accusation n'est pas établie par témoins ou par l'aveu de la femme, l'enfant est réputé du mari, d'après cette présomption qui pèse toujours sur lui : *Pater is est quem nuptiæ demonstrant.*

---

(1) Les nullités qui peuvent détruire un mariage, sont *intrinsèques* ou *extrinsèques.* Les premières doivent toujours être prononcées, que le mariage ait été consommé ou non. Les secondes sont couvertes par le *bina* ou *dokroul, cohabitation, sans idée de copulation.* — Le bina et le dokroul sont une présomption légale et non une preuve de la copulation. C'est pourquoi, lorsqu'il devient nécessaire de préciser le fait, on dit, par exemple : *bina doune mesis,* cohabitation sans attouchement ; ou bien : *bina bimesis,* cohabitation avec attouchement ; ou bien on emploie, pour lever le doute, d'autres expressions, comme *djimaâ, outhou,* qui signifient *copulation.*

SECTION II

Détails sur l'âdda

A partir de l'âdda, le mari ne peut plus avoir de relations charnelles avec sa femme, à moins qu'il ne l'ait reprise dans le cours de l'âdda, s'il s'agit d'une répudiation révocable, ou qu'il ne l'ait réépousée, par un nouveau contrat, après le délai de l'âdda, s'il s'agit d'une répudiation irrévocable, ou devenue telle, par suite du non exercice du droit de reprise pendant l'âdda.

De ce que l'âdda a pour but de s'assurer si la femme est ou n'est pas enceinte, il s'ensuit qu'il n'est obligatoire qu'autant que le mariage a été consommé et que les époux étaient aptes à la procréation.

C'est pourquoi l'âdda, même après la consommation du mariage, n'a pas lieu : 1º pour la femme impubère, parce qu'avant la nubilité, la conception est impossible ; 2º pour la femme nubile dont le mari est impubère, parce qu'il n'a pu la féconder ; 3º pour la femme dont le mari est privé du pénis en entier, ou est complétement castrat.

Le mariage est consommé par le seul fait de la cohabitation entre époux aptes à la procréation, parce que la cohabitation est une présomption légale de la copulation, et que cette présomption, en ce qui touche l'observation de l'âdda, ne peut jamais être détruite par la preuve contraire.

Une simple entrevue, de seul à seule, dans un lieu solitaire, *kreloua,* pendant le temps nécessaire seulement pour accomplir l'acte de la copulation, équivaut à la cohabitation.

Si le fait de la cohabitation est ignoré, la femme est maî-

tresse de s'imposer l'âdda ou de s'en exonérer : elle est crue
sur son affirmation, contre la déclaration du mari, d'après
cet axiome : *el-mera moseddaqa fi ferdjiha, l'aveu de la
femme fait foi au sujet de sa vulve.*

Si le fait de la cohabitation est connu, l'âdda est obligatoire, quand même les époux affirmeraient qu'ils n'ont pas
eu de commerce charnel.

La femme qui n'est pas assujettie à l'âdda, est toujours
répudiée définitivement : elle peut se remarier de suite.

D'après la règle générale établie dans le Koran, la durée
de l'âdda consiste dans l'accomplissement de trois périodes
successives de pureté menstruelle *(qorouh* [1] *)* pour la femme
libre, et de deux pour la femme esclave, parce qu'il est démontré, disent les auteurs, que, chez une femme en état de
continence, trois, ou seulement deux menstruations successives, permettent d'assurer qu'elle n'avait pas conçu avant
cet état.

L'idée dominante dans cette règle *est la supposition d'une
menstruation normale ou régulière.*

La femme est considérée comme menstruée normalement,
lorsque ses écoulements arrivent à des époques fixes ou non
fixes, et à des espaces de moins ou de plus d'un mois, sans
qu'un espace puisse aller au delà de trois mois. Les opinions
qui consistent à admettre des étendues plus longues, même
de dix ans, ne sont plus en rapport avec les principes consti-
tutifs de l'âdda.

A l'égard des femmes qui ne sont pas menstruées nor-

_____

(1) Par période de pureté menstruelle, on entend le temps qui s'écoule depuis
la cessation des règles jusqu'à une nouvelle menstruation.

malement, les jurisconsultes ont dû établir des délais fixes,
et non des délais éventuels reposant sur une menstruation
capricieuse, afin que leur âdda ne se prolongeât pas indé-
finiment, ne devînt une lourde charge pour les maris, et
ne dégénérât en une création de *pères putatifs*.

Leur raisonnement, tant pour les femmes qui ne sont pas
menstruées normalement, que pour celles qui n'ont encore
subi aucune menstruation, ou chez lesquelles la menstruation
a été supprimée, a été celui-ci :

« Les faits démontrent que la grossesse se déclare dans le
» troisième mois de la conjonction, et que la durée ordinaire
» de la gestation est de neuf à douze mois. Or, en prenant
» pour base de leur âdda un délai de trois à douze mois,
» on pourra décider, avec assurance, s'il y a grossesse ou
» non. »

Mais ce raisonnement repose toujours sur cette présomption que, pendant l'âdda par *délai fixe,* la femme ne subira
aucune menstruation. — Si donc, avant l'expiration de ce
délai, trois écoulements menstruels ont eu lieu, elle est entièrement libérée de l'âdda ; si elle n'en a eu qu'un ou deux,
elle est considérée, à partir de chaque menstruation, *comme
étant revenue à l'état normal,* et, en conséquence, elle tombe
dans l'âdda par période de pureté menstruelle, et y reste, à
partir de chaque menstruation, tant que l'absence des règles
n'a pas duré plus de trois mois. Si cette absence est de plus
de trois mois, il y a présomption ou que la femme a cessé
d'être réglée d'une manière normale, ou que la menstruation
a été supprimée chez elle, et, alors, son âdda primitif, *par
délai fixe,* lui redevient applicable, jusqu'à ce qu'une nou-

velle menstruation l'en fasse sortir avant l'expiration de ce délai fixe.

Il faut remarquer que chaque écoulement, qu'il provienne d'une menstruation normale ou anormale, compte toujours, à quelque époque que ce soit de l'âdda, pour une des trois menstruations qui libèrent la femme.

Règle générale : L'âdda qui se termine sans apparence de grossesse constatée chez la femme, décharge le mari de toute grossesse qui pourrait se déclarer ultérieurement chez elle.

Quant à l'âdda, les femmes, qu'elles soient musulmanes, ou juives ou chrétiennes, sont distribuées en neuf classes :

1° Motâadatou-l-h'idh : *la femme qui est ordinairement menstruée d'une manière normale.*

Son âdda est de trois périodes de pureté menstruelle, si elle est de condition libre, et de deux seulement, si elle est esclave.

Des auteurs ont prétendu que, quelque soit l'éloignement d'une menstruation à une autre, la femme restait toujours dans la dépendance de l'âdda par périodes de pureté menstruelle, tant qu'elle n'a pas accompli ses trois menstruations. En conséquence, d'après eux, une femme de condition libre, par exemple, qui, avant la dissolution du mariage, n'aurait été menstruée qu'une fois *en dix ans,* devrait subir un âdda par période menstruelle de dix ans, ce qui ferait durer son âdda pendant trente ans, en admettant qu'elle n'éprouvât qu'une menstruation tous les dix ans !

Cette opinion extravagante est combattue par le jurisconsulte Thaous, dans le commentaire de Sid-Krarchi sur Sid-Khalil : d'après lui, la femme qui n'aurait ses règles qu'à plus de trois mois de distance les unes des autres, devrait être assimilée à la *sar'ira* ou jeune femme qui n'a pas encore été menstruée, *et ne subir qu'un âdda pur et simple de trois mois.*

2° El-mourtaba bila sebeb : *la femme qui, sans cause connue, est menstruée irrégulièrement, ou qui n'a pas encore été menstruée, bien qu'elle soit dans l'âge où les femmes ont ordinairement leurs règles, et qui, par suite, est l'objet d'un doute, sur le point de savoir si ses règles se déclareront puis se suivront d'une manière normale.*

Cette femme, qu'elle soit libre ou esclave, subit un âdda de douze mois : neuf mois à titre d'*istibra*, et trois à titre d'*âdda*. Le laps de neuf mois d'istibra est considéré *comme la durée ordinaire d'une gestation;* les trois mois d'âdda lui sont en outre imposés par surcroît de précaution, afin qu'on puisse mieux constater si elle est ou n'est pas enceinte.

En employant ces expressions : neuf mois à titre d'istibra, puis trois mois à titre d'âdda, les auteurs sembleraient indiquer qu'il y a une différence entre l'istibra et l'âdda, *même lorsque la femme n'a eu que des relations licites.* Les commentaires sont muets à cet égard, mais les jurisconsultes que j'ai interrogés m'ont répondu que ces deux expressions sont synonymes, que le mot âdda, par suite de sa liaison avec le mot istibra, *indique une garantie de plus offerte à la légalité contre l'illégalité,* c'est-à-dire que, dans le cas de relations illicites, il n'y aurait lieu qu'à l'istibra, tandis que, dans le cas de relations licites, il y aurait lieu en outre à l'âdda.

Si, dans le cours des douze mois, soit de l'année, la femme n'a eu ni écoulement menstruel, ni apparence de grossesse, elle est entièrement affranchie de l'âdda à l'expiration de l'année.

Si cette femme a eu trois menstruations dans le cours de l'année et avant son expiration, elle est également libérée de l'âdda par l'accomplissement de la troisième menstruation.

Si cette femme n'a eu qu'une menstruation dans l'année, son âdda est prolongé d'une seconde année à partir de la cessation de cette menstruation ; — Si, dans cette seconde année, elle n'a éprouvé qu'une autre menstruation, son âdda est prolongé d'une troisième année, pendant le cours de laquelle une troisième menstruation termine l'âdda, et à l'expiration de laquelle son âdda est également terminé, faute de cette troisième menstruation.

En résumé, l'âdda de cette femme expire à quelque époque que ce soit de la première, de la seconde ou de la troisième année où elle a accompli trois menstruations, et cet âdda expire également à quelque époque que ce soit, par le fait seul de l'accomplissement *d'une année blanche*.

On a posé la question de savoir si la femme, placée dans l'âdda par année, qui n'a pas eu trois menstruations dans le cours de la première année, doit, à l'expiration de cette année, être assimilée à la *sar'ira* ou jeune femme non encore menstruée, et ne plus être astreinte qu'à un autre âdda pur et simple de trois mois ?

On a répondu *oui* et *non,* sans que l'une des deux solutions puisse prévaloir sur l'autre.

3° El-mourdhi'à : *La femme libre ou esclave qui allaite,* également appelée *mourtaba bisebeb : celle qui est soupçonnée de n'avoir pas ses règles pour cause d'allaitement.*

D'après le Koran, chap. 2, verset 233, l'allaitement est de deux ans. L'âdda de la mère nourrice est de la même durée, parce que la suspension de ses menstrues est censée provenir de ce qu'elle allaite ; ce qui ne veut pas dire que la grossesse chez cette femme, si grossesse il y avait, devrait subir une attente de deux ans pour se manifester, puisqu'il est reconnu par tous les jurisconsultes qu'elle doit se déclarer dans le troisième ou le quatrième mois de la copulation, mais ce qui veut dire seulement que ce délai lui est imposé dans l'intérêt du nourrisson.

Si, à partir de son entrée en âdda, et avant l'expiration des deux ans, cette femme a subi trois menstruations sans apparence de grossesse, elle est libérée de l'âdda, quoiqu'elle veuille continuer à donner le sein.

Si, à l'expiration de la première année de l'allaitement, la femme n'a pas eu ses règles, le mari peut séparer le nourrisson de sa mère, pourvu qu'il n'en résulte aucun préjudice pour l'enfant ; et, à partir de cette séparation, la femme subit un nouvel âdda, dans les conditions de la femme indiquée sous le n° 2. Cette faculté est accordée au mari, par l'intérêt qu'il peut avoir de faire activer l'accomplissement de l'âdda, — soit pour priver la femme du droit d'hériter de lui, s'il venait à mourir pendant l'âdda, dans le cas où la répudiation qui y a donné lieu, serait révocable, — soit pour faire cesser les dépenses d'entretien qui sont à sa charge, — soit pour épouser une quatrième femme, s'il en a déjà trois. L'intérêt du mari de faire ainsi activer l'accomplissement de l'âdda, est fondé sur cette considération que l'allaitement est une cause de suspension des menstrues, et que, si cette cause est supprimée, les menstrues se déclareront.

Si, avant le nouvel âdda ainsi imposé à la mère nourrice, elle avait déjà subi une ou deux menstruations, elles entreraient en ligne de compte dans ce nouvel âdda.

Enfin, si la femme cesse d'allaiter à une époque quelconque des deux années, pour toute autre cause que celle de séparation du nourrisson, et si, avant cette cessation, elle n'a pas eu trois menstruations, elle subit également le nouvel âdda que nous venons d'indiquer.

4° El-maridha : *la femme* (libre ou esclave) *malade ou maladive,* appelée aussi : mourtaba bisebeb : *celle chez laquelle l'absence de menstruation est présumée venir de son état de maladie.*

Il y a deux opinions sur le genre d'âdda qui doit être imposé à cette femme. — D'après l'une, qui est celle d'*Ibn-el-Qasem,* cette femme est assimilée, pour son âdda, à la femme indiquée sous le n° 2. — D'après l'autre, qui est celle d'*Achèb,* cette femme est assimilée à la mère nourrice, c'est-à-dire qu'elle doit subir un âdda de deux ans, tant qu'elle n'a pas eu trois menstruations.

Si l'état de maladie de cette femme cessait avant l'expiration de ces deux ans, et avant qu'elle eût subi trois menstruations, elle retomberait dans l'âdda de la femme indiquée sous le n° 2.

5° El-moustah'adha : *la femme qui est sujette à des pertes utérines.*

Si cette femme, libre ou esclave, ne peut distinguer (ou si des matrones, nommées à cet effet, ne peuvent distinguer) le sang menstruel de celui qui n'est que menstruiforme, elle est soumise à l'âdda de la femme indiquée sous le n° 2.

Mais si cette femme peut distinguer les deux sangs, il y a deux opinions sur le genre d'âdda qu'elle doit subir : — D'après l'une, celle d'Ibn-el-Qasem, chaque écoulement de vrai sang menstruel compte pour une des trois périodes de menstruations de l'âdda ; — d'après l'autre, celle d'Achèb, cette femme doit être assimilée, pour son âdda, à la femme *mourtaba bisebeb* dont il est parlé sous les n°s 3 et 4, c'est-à-dire que, tant que cette femme est sujette à des pertes utérines, le sang, qu'il soit menstruel ou qu'il ne soit que menstruiforme, n'est compté en rien pour les trois périodes menstruelles de l'âdda.

6° Es's'ar'ira : *la jeune femme* (libre ou esclave).

Il y a deux sortes de *s'ar'ira* : 1° celle qui est âgée de moins de neuf ans, et qui, non-seulement n'est pas nubile, mais n'est pas encore apte à la copulation ; 2° celle qui a dépassé l'âge de neuf ans, et qui, sans être nubile, est cependant apte à la copulation.

La première n'est pas assujettie à l'âdda.

La seconde (celle dont il est question sous ce numéro) y est assujettie pendant trois mois, parce qu'en raison de son approche de la nubilité, elle est présumée avoir pu concevoir, fait qui peut toujours être constaté vers la fin du troisième mois de la copulation.

Si, dans le cours des trois mois, elle n'a subi aucune menstruation et n'a eu aucune apparence de grossesse, elle est libérée de l'âdda.

Si, dans le même cours, elle a subi trois menstruations, elle est également libérée, sans qu'elle soit tenue d'attendre l'expiration des trois mois.

Si enfin, dans le même cours, elle a éprouvé une ou deux

menstruations seulement, elle tombe, à partir de chaque menstruation, dans l'âdda de la femme réglée normalement, dont il est question sous le n° 1, et y reste tant que l'absence des règles n'a pas duré plus de trois mois. Si cette absence dépasse trois mois, elle est assimilée à la femme *mourtaba bila sebeb*, indiquée sous le n° 2.

7° El-yaïsa : *la femme, libre ou esclave, qui a perdu tout espoir d'avoir encore ses règles, soit parce qu'elle a dépassé l'âge critique, soit parce que, sans avoir dépassé cet âge, elle a cessé, depuis longtemps, d'être menstruée, — ou qui a perdu tout espoir de les avoir, par ce fait, qu'étant depuis longtemps dans l'âge où les femmes sont nubiles, elle n'a pas encore subi de menstruations.*

Son âdda est le même que celui de la *s'ar'ira* dont il est parlé sous le n° 6.

8° El-h'amil : *la femme enceinte* (libre ou esclave).

L'âdda de cette femme dure jusqu'à l'accouchement de l'enfant ou des jumeaux.

Si elle a du doute, ou si des matrones consultées à cet effet ont du doute sur son état de grossesse, son âdda dure jusqu'à l'expiration du délai extrême de la gestation ; d'après l'opinion prépondérante, ce délai est de cinq ans, bien que, d'après le cadi Abou-Mohammed-Abd-el-Ouahèb, il doive être restreint à quatre ans.

Le jurisconsulte Achèb va plus loin : d'après lui, la femme qui se croit enceinte, ou qui, d'après des matrones, est présumée telle, reste en état d'âdda jusqu'à ce que, par suite d'une longue attente de plus de cinq ans (jusqu'à la ménopause par exemple), on désespère de la réalité de sa grossesse. Et les menstruations qu'elle avouerait avoir subies pendant cette attente, ne pourraient lui être opposées comme fin de non recevoir, contre la continuation de son âdda, car il est certain que la femme enceinte a des écoulements menstruels.

Voilà la traduction de ce que dit Ibn-Salamoune.

D'après ce qui précède, il faut distinguer entre la femme dont la grossesse est apparente, certaine, lors de son entrée en âdda, et celle dont la grossesse n'est que latente ou imaginaire, c'est-à-dire a pu n'avoir été alléguée que par calcul : car une femme peut avoir intérêt à rester longtemps en âdda, soit pour demeurer à la charge de son mari, soit pour le faire passer comme père putatif, soit enfin pour hériter de lui dans le cas où il viendrait à mourir pendant l'âdda, si la répudiation qui y a donné lieu était sujette à révocation.

Dans le premier cas, l'âdda, si on s'en rapporte aux faits physiologiques, ne peut durer plus de douze mois, délai ordinaire de la gestation, selon les jurisconsultes, car il faut bien remarquer qu'ils n'ont jamais prétendu qu'un enfant, qui a déjà reçu un certain développement dans le sein de sa mère, pût y rester quatre ou cinq ans : en admettant ce délai extraordinaire, ils n'ont voulu parler que de la grossesse latente, qu'on ne peut ni affirmer ni nier, qui est à l'état d'embryon, et qui, par des raisons qu'ils n'indiquent pas, resterait plusieurs années avant de se développer, — ou bien que d'une grossesse qui est à l'état de commencement de fœtus, et qui resterait également plusieurs années avant de se développer, par suite d'assoupissement léthargique de l'enfant.

Dans le second cas, et même dans le premier, il faudrait,

pour admettre une gestation et, par suite, un âdda de quatre ou cinq ans, établir que, pendant l'état de grossesse réelle ou de grossesse présumée, le mari, à qui ce droit ne peut être refusé, d'après Ibn-Salamoune, a fait garder sa femme à vue, et établir en outre que l'accouchement, qui n'aurait lieu que vers la fin de la quatrième ou de la cinquième année, provient bien de la grossesse constatée ou présumée chez la femme. Or, les femmes qui ont allégué des gestations de quatre ou cinq ans, n'ont jamais pu établir l'identité de leurs grossesses, selon l'esprit de la jurisprudence.

Nous reviendrons là-dessus, sous la section : *Durée de la gestation*.

9° El-metoueffa-ânha : *la femme dont le mari est décédé,* ou de l'âdda de viduité.

Cet âdda a non seulement pour but de s'assurer si la femme est enceinte, mais encore de rendre honneur à l'islamisme et à la mémoire du défunt.

A ce dernier point de vue, il s'ensuit que l'âdda de viduité est obligatoire pour toutes les épouses sans exception, qu'elles soient impubères ou pubères, que leurs mariages aient été ou non consommés, que leurs maris aient été ou non aptes à la procréation.

Cet âdda est de quatre mois et dix jours pour la femme libre, et de deux mois et cinq jours pour la femme esclave.

Pour la femme qui n'est pas astreinte à l'âdda ordinaire, c'est-à-dire par périodes de pureté menstruelle, ou par mois, ou par année, on comprend facilement que l'âdda dont nous nous occupons ici ne peut jamais dépasser le délai sus-indiqué, et que, si une grossesse se déclare chez cette femme pendant l'âdda, elle ne peut être attribuée au mari défunt, parce que cette femme est présumée n'avoir pu concevoir des œuvres de son mari.

Voici la traduction littérale de ce que dit Ibn-Salamoune :

« L'âdda de viduité, que les époux soient impubères ou pubères, que le mariage ait été ou non consommé, est de quatre mois et dix jours pour la femme libre, et de deux mois et cinq jours pour la femme esclave.

» Si la femme (libre ou esclave) est enceinte, son âdda dure jusqu'à sa délivrance, que cette délivrance soit prochaine ou éloignée.

» A l'égard de la femme libre, juive ou chrétienne (qui n'est pas enceinte), il y a deux opinions : d'après l'une, elle est libérée après trois menstruations (sans qu'elle soit tenue d'attendre l'expiration des quatre mois et dix jours) ; d'après l'autre, elle est astreinte, comme la femme musulmane libre, à l'accomplissement de ce délai.

» Si, pendant l'âdda, les menstrues (chez une femme qui était habituellement réglée) ont été supprimées sans cause connue, ou par suite de maladie ou d'allaitement, il y a deux opinions : — D'après l'une, on n'a aucun égard à cette suppression : la femme (libre ou esclave) est libérée par la seule expiration du délai de l'âdda ; — d'après l'autre, la femme (libre ou esclave) n'est libérée de l'âdda qu'autant qu'elle a subi une menstruation ; sinon, son âdda se prolonge jusqu'à neuf mois, à l'expiration desquels elle est également libérée, à moins qu'elle ne se croie enceinte, auquel cas elle subit l'attente admise pour la durée de la gestation.

» Si, contrairement à ce qui se passe chez elle, ses règles ont été retardées, il y a deux opinions : — D'après l'une, celle d'Ibn-el-Qasem, cette femme (libre ou esclave) est libérée par la seule expiration de l'âdda de viduité, quand même elle n'aurait pas eu de menstruations ; — d'après l'autre, il faut absolument que la femme ait eu ses menstruations (au nombre de trois), pour qu'elle soit libérée de l'âdda : ce qui veut dire que, dans le cas contraire, son âdda se prolongerait jusqu'à neuf mois, comme il est dit plus haut).

» Quant à la femme qui est sujette à des pertes utérines, il y a deux opinions : — D'après l'une, cette femme, si elle est de condition libre, doit subir (seulement) l'âdda de quatre mois et dix jours, et, si elle est esclave, elle doit subir (seulement) un âdda de trois mois, comme la jeune femme qui n'a pas encore eu ses règles, ou comme la vieille femme qui a cessé de les avoir ; — d'après l'autre, cette femme (libre ou esclave) doit prolonger son âdda jusqu'à neuf mois. »

SECTION III

Détails sur l'istibra

L'istibra n'est obligatoire que pour la femme qui a pu concevoir à la suite d'une conjonction illicite, ou à la suite de conjonction dans le concubinage légal.

La femme libre, mariée ou non mariée, est soumise, pour l'istibra, aux mêmes prescriptions que celles de l'âdda, excepté de l'âdda de viduité, à partir du jour de sa conjonction illicite, ou du jour où elle a été connue ; mais une conjonction licite, survenue depuis, annule l'obligation de l'istibra.

La femme esclave, mariée ou non mariée, n'est soumise qu'à l'istibra d'une menstruation, à partir, soit de son commerce charnel illicite, soit du jour où son maître, avec lequel elle a vécu en concubinage légal, l'a promise en vente ou en mariage, soit du jour où elle a été l'objet d'une donation, soit du jour où elle est affranchie, soit du jour où, à défaut d'affranchissement, elle est transmise par voie de succession. Si elle n'a pas encore eu ses règles, ou a cessé de les avoir, son istibra est de trois mois. Si elle est *mourtaba bila sebeb,* ou *mourtaba bisebeb,* ou *moustah'adha,* comme il a été dit sous les nᵒˢ 2, 3, 4 et 5, section II, *Détails sur l'âdda,* son istibra est de neuf mois, tant qu'elle n'a pas subi une menstruation. Enfin, l'istibra de la femme enceinte, libre ou esclave, dure jusqu'à l'accouchement.

SECTION IV

Durée de la gestation

Tous les auteurs sont d'accord sur ce fait que la plus courte gestation est de six mois, et sur cet autre fait que la gestation ordinaire est de neuf à douze mois.

Nous avons vu, sous la section II, nᵒ 8, *Détails sur l'âdda,* que la gestation de plus d'une année, ne s'applique pas à une grossesse apparente, développée, mais bien à une grossesse latente, qui n'annonce qu'un embryon ou un commencement de fœtus.

Dans ce dernier cas, les hanéfites prétendent que la gestation peut durer deux ans ; Ibn-el-Qasem et les chaféïtes, qu'elle peut durer quatre ans ; des chaféïtes et des malékites, qu'elle peut durer sept ans. Enfin, Malek prétend qu'elle peut durer cinq ans.

Mais pour qu'une femme puisse exciper devant les tribunaux musulmans d'une gestation dépassant une année, elle est soumise à des preuves et à des formalités que nous indique Ibn-Salamoune :

« 1° Si, après trois mois d'âdda, la femme excipe d'une grossesse, et que son allégation paraisse suspecte, elle doit, qu'elle soit en tutelle ou hors de tutelle, affirmer par serment la sincérité de ce qu'elle avance, *car la preuve de son état de grossesse est à sa charge,* et alors, si elle a prêté serment, elle reste en âdda jusqu'à l'expiration d'une année.

» 2° Le mari, à l'encontre duquel sa femme excipe d'une grossesse, peut lui faire prêter serment tous les trois mois, qu'elle est réellement enceinte. A l'expiration d'une année, des matrones visitent la femme : si elles ont du doute (c'est-à-dire si elles ne peuvent ni affirmer, ni nier la grossesse), la femme reste en état d'âdda, dans le logement qui lui est procuré par le mari, jusqu'à l'expiration de cinq années. »

De ces passages, il faut conclure, disent les savants que j'ai interrogés, que le mari est le maître de l'honneur de sa femme, et que, s'il lui plaît de ne pas prendre les précautions que la doctrine lui indique, il ne peut se plaindre de devenir père putatif.

Mais après la mort du mari, ajoutent-ils, la position est changée : la femme est toujours suspecte vis-à-vis des héritiers, et c'est à elle et non à ceux-ci, de remplir les formalités indiquées par Ibn-Salamoune, comme le démontre suffisamment le passage de cet auteur : fa-inna eddâoua âleiha fi bedeniha : *la preuve de la grossesse est à la charge de la femme.* Par conséquent, le défaut de ces formalités peut lui être opposé par les héritiers du mari.

Maintenant, si nous raisonnons d'après les grands principes du droit musulman, nous disons que la décision qui serait ainsi conçue, *serait légale,* et ne pourrait être attaquée pour cause de violation de la loi :

» Attendu que la gestation de plus d'une année, notamment de quatre ou cinq ans, n'est indiquée ni par le Koran, ni par la tradition [1], ni par les décisions des compagnons du Prophète ;

» Que, par suite, la fixation de sa durée rentre dans le domaine de la science interprétative des lois, *quelles que soient les opinions déjà émises à cet égard par les jurisconsultes;*

» Attendu *qu'il est reconnu par tous les auteurs,* que la grossesse se déclare du troisième au quatrième mois de la conjonction, et que la gestation *est ordinairement de neuf à douze mois;*

» Que l'admission 'd'une gestation plus longue est contraire aux faits physiologiques ;

» Qu'il n'a jamais été prouvé, et qu'il est impossible de prouver, qu'une femme dont la grossesse est certaine, et qui aurait été gardée à vue par des personnes dignes de foi, eût subi une gestation de quatre ou cinq ans ;

» Par ces motifs, etc. »

Si cette décision est légale en droit musulman, et je défie qui que ce soit de prouver le contraire, qu'il me soit permis de former le vœu de la voir adopter, dans l'intérêt de la civilisation, des bonnes mœurs et de l'ordre public.

Les docteurs que j'ai interrogés, m'ont répondu ouvertement que la gestation de quatre ou cinq ans est une fiction créée par des maris inféconds ou impuissants — qui ont voulu se faire passer comme pères putatifs, pour priver de leurs successions des ascendants ou des collatéraux, — ou qui, par

---

(1) J'ai démontré dans mon livre premier, que M. Perron, t. 3, p, 71, s'était trompé en traduisant le contraire.

ambition, ont voulu transmettre leurs noms à la postérité.

Ils m'ont également répondu qu'elle pouvait être aussi une fiction créée par des femmes libertines et cupides.

~~~~~~~~~~~~

CHAPITRE III

Institutions civiles françaises qui peuvent légalement être appliquées aux musulmans, sans contrarier leur croyance

Nos institutions relatives à la transcription des contrats, aux hypothèques [1] légales en faveur des femmes et des mineurs, n'ayant pas été prévues par le Koran, la tradition et les compagnons du Prophète, peuvent être appliquées de plano aux musulmans, car ces institutions, pour me servir des paroles des compagnons, constituent des faits nouveaux qu'il s'agit forcément de concilier avec l'ancienne situation musulmane.

Je vais plus loin et dis : d'après ce qui a été démontré dans mon livre premier, toutes nos institutions, qui ne sont pas ouvertement contraires au Koran, à la tradition et aux décisions des compagnons, peuvent légalement être appliquées aux musulmans.

FIN DU SECOND ET DERNIER LIVRE

Mascara, le 29 octobre 1868.

---

(1) M. Perron, t. 3, p. 505, traduit le mot *rèhne*, tout à la fois par nantissement, gage, antichrèse, hypothèque conventionnelle. Or, l'hypothèque n'a jamais existé en droit musulman. Ce qui caractérise le rhène, *c'est la tradition*, tandis que l'hypothèque est exclusive de tradition.

TABLE DES MATIÈRES

LIVRE PREMIER

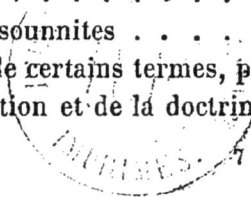

LIVRE DEUXIÈME

FIN DE LA TABLE DES MATIÈRES

ORAN. — IMPRIMERIE A. PERRIER, BOULEVARD OUDINOT, 9

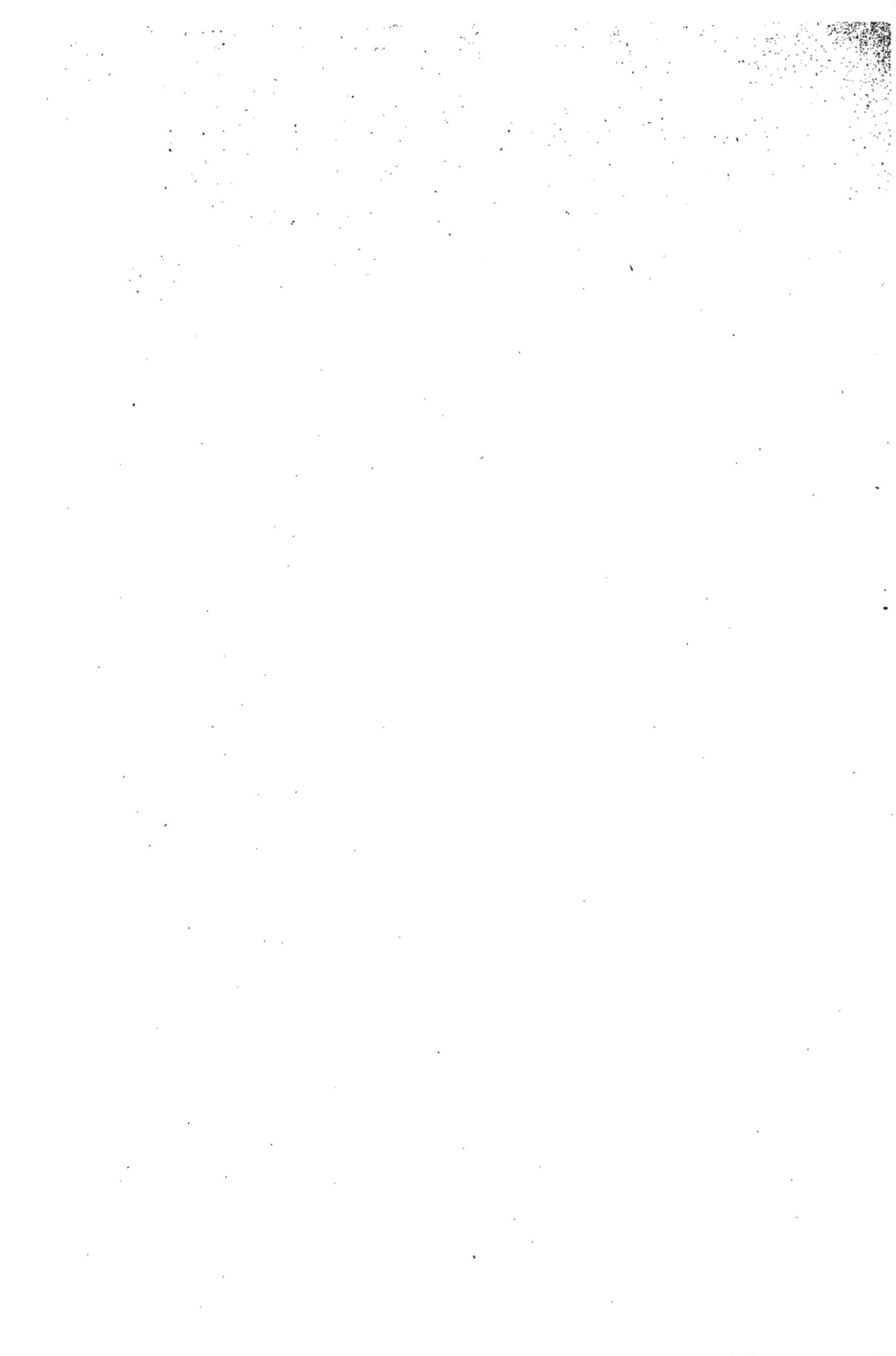

LIBRAIRES DÉPOSITAIRES

Oran. — Eugène RENARD, boulevard Malakoff.

Alger. — PEYRONT, rue Bab-Azoun.

Philippeville. — Mme HURLIN.

Constantine. — Ve GUENDE.

Marseille. — CAMOIN, rue Canebière.

Lyon. — MÉRAZ (Charles), rue Impériale, 15.

Paris. — CHALLAMEL aîné, rue des Boulangers, 30.

Londres. — ADAMS (W.-J.), 59, Fleet Street.

Berlin. — ABELSDORF (J.).

Amsterdam. — L. VAN BAKKENES et Cie.

Saint-Pétersbourg. — BELLIZARD et Cie.

www.ingramcontent.com/pod-product-compliance
Lightning Source LLC
Chambersburg PA
CBHW071206200326
41519CB00018B/5394